Armistead Maupin

# *So fing alles an ...*

## Stadtgeschichten

Deutsch von Heinz Vrchota

Rowohlt

Veröffentlicht im Rowohlt Taschenbuch Verlag GmbH,
Reinbek bei Hamburg, Juli 1996
Die Erzählungen der vorliegenden Ausgabe
wurden dem Band «Stadtgeschichten» entnommen

Die Originalausgabe erschien 1981 unter dem Titel
«Tales of the City» bei The Chronicle Publishing
Company, San Francisco

Umschlaggestaltung Beate Becker
(Illustration: Cathrin Günther)
Satz Sabon (Linotronic 500)
Gesamtherstellung Clausen & Bosse, Leck
Printed in Germany
200-ISBN 3 499 22075 x

*It's an odd thing,*
*but anyone who disappears*
*is said to be seen in*
*San Francisco.*

Es ist merkwürdig, aber
von jedem, der verschwindet,
heißt es, er sei hinterher in
San Francisco gesehen worden.

**Oscar Wilde**

## *Der Sprung ins kalte Wasser*

Mary Ann Singleton war fünfundzwanzig, als sie zum erstenmal nach San Francisco kam.

Sie kam allein und wollte eine Woche Urlaub machen. Am fünften Abend stellte sie nach drei Irish coffee im Buena Vista fest, daß ihr Stimmungsring blau schimmerte, und beschloß, ihre Mutter in Cleveland anzurufen.

«Hallo, Mom. Ich bin's.»

«Ach, Liebling. Dein Daddy und ich haben gerade von dir gesprochen. Bei *McMillan and Wife* haben sie heute über diesen Irren berichtet, der reihenweise Sekretärinnen erwürgt hat, und da mußte ich natürlich...»

«Mom...»

«Ich weiß schon. Deine verrückte alte Mom macht sich mal wieder ganz umsonst krank vor Sorgen. Aber es passiert doch wirklich so viel. Denk bloß an die arme Patty Hearst, die in einer Abstellkammer eingesperrt war, mit all diesen schrecklichen...»

«Mom... Ferngespräch.»
«Ach so... ja. Gott, wie mußt du es gerade schön haben.»
«O ja... du machst dir keine Vorstellung! Die Leute sind hier so freundlich, daß ich mir vorkomme wie...»
«Bist du ins Top of the Mark gegangen, wie ich's dir gesagt hab?»
«Noch nicht.»
«Daß du mir das bloß nicht ausläßt! Du weißt, dahin hat mich dein Daddy ausgeführt, als er aus dem Südpazifik zurückkam. Ich weiß noch, wie er dem Bandleader fünf Dollar zugesteckt hat, damit wir zu *Moonlight Serenade* tanzen konnten. Und wie ich einen Tom Collins verschüttet habe über seine wunderschöne weiße Marine...»
«Mom, ich möchte, daß du mir einen Gefallen tust.»
«Aber sicher, Liebling. Nur hör mir jetzt mal zu. Oh... bevor ich es vergesse: Gestern ist mir in der Ridgemont Mall Mr. Lassiter über den Weg gelaufen, und er hat mir gesagt, daß im Büro alles zusammenbricht ohne dich. Sie haben nicht viele gute Sekretärinnen bei Lassiter Fertilizers.»
«Mom, wo wir schon dabei sind...»

«Ja, mein Schatz?»
«Ich möchte, daß du Mr. Lassiter anrufst und ihm sagst, daß ich am Montag nicht komme.»
«Aber... Mary Ann, ich weiß nicht, ob du um eine Urlaubsverlängerung bitten solltest.»
«Es geht nicht um eine Verlängerung, Mom.»
«Ja, aber warum...?»
«Ich komm nicht wieder zurück, Mom.»
Stille. Dann war von weiter weg eine gedämpfte Fernsehstimme zu hören, die Mary Anns Vater zeitweilige Erleichterung bei Hämorrhoiden versprach. Schließlich war wieder ihre Mutter dran: «Red keinen Unsinn, mein Schatz.»
«Mom... Ich rede keinen Unsinn. Es *gefällt* mir hier. Ich fühle mich schon wie zu Hause.»
«Mary Ann, falls da ein Junge seine Finger im...»
«Es gibt keinen Jungen... Ich hab mir das gut überlegt.»
«Sei doch nicht albern! Du bist grade mal fünf Tage da!»
«Mom, ich weiß, was das für dich heißt,

aber... Weißt du, das hat mit dir und Daddy überhaupt nichts zu tun. Ich möchte bloß mein eigenes Leben führen... mit einer eigenen Wohnung und so.»

«Ach, *darum* geht's. Aber mein Schatz... das ist doch kein *Problem*. Ehrlich gesagt haben dein Daddy und ich schon mal darüber geredet, daß diese neuen Apartments draußen in Ridgemont wahrscheinlich genau das richtige für dich wären. Die vermieten dort viel an junge Leute, und es gibt einen Swimmingpool und eine Sauna, und ich könnte dir solche zauberhaften Vorhänge nähen, wie ich sie Sonny und Vicki zur Hochzeit geschenkt habe. Und dort wärst du so ungestört, wie du...»

«Du hörst mir nicht zu, Mom. Ich versuche, dir beizubringen, daß ich eine erwachsene Frau bin.»

«Na, dann benimm dich auch wie eine! Du kannst nicht einfach... von deiner Familie fortlaufen und von deinen Freunden, um unter lauter Hippies und Massenmördern zu leben!»

«Du sitzt zuviel vor dem Fernseher.»

«Jaja... Und was ist mit dem ‹Horoskop›?»

«Wie?»
«Mit diesem Horoskop-Typen. Diesem Verrückten. Diesem Mörder.»
«Mom... Das ist der Sternzeichen-Mörder.»
«Ist doch alles eins. Und was ist mit... mit den Erdbeben? Ich hab diesen Film gesehen, Mary Ann, und ich bin fast gestorben, als Ava Gardner...»
«Würdest du bitte einfach Mr. Lassiter für mich anrufen?»
Ihre Mutter begann zu weinen. «Du kommst bestimmt nie wieder. Ich weiß es genau.»
«Mom... bitte... ich komm wieder. Das versprech ich dir.»
«Aber du bist dann nicht mehr... dieselbe!»
«Nein. Hoffentlich nicht.»

Nach dem Telefonat verließ Mary Ann die Bar und spazierte durch den Aquatic Park an die Bay. Dort stand sie einige Zeit im kalten Wind und schaute zum Leuchtfeuer auf Alcatraz hinüber. Sie schwor sich, in nächster Zeit nicht an ihre Mutter zu denken.
Als sie wieder im Fisherman's Wharf Holi-

day Inn war, suchte sie Connie Bradshaws Nummer aus dem Telefonbuch heraus.
Connie war Stewardeß bei United. Mary Ann hatte sie seit der High-School nicht mehr gesehen: seit 1968.
«Phantastisch!» kreischte Connie. «Wie lang bleibst du?»
«So lang, wie's mir gefällt.»
«Super! Hast du schon 'ne Wohnung?»
«Nein... ich... na ja, ich dachte... ob ich mich vielleicht bei dir einquartieren könnte, bis ich...»
«Aber klar. Kein Problem.»
«Connie... bist du denn solo?»
Die Stewardeß lachte. «Ist ein Schimmel weiß?»

## *Connies Wohnung*

Mary Ann zerrte ihren Rucksack in Connies Wohnung und sank seufzend in einen mit falschem Zebrafell bezogenen Pilotensessel.
«Na... dann seid gegrüßt, Sodom und Gomorrha.»
Connie lachte. «Deine Mom ist ausgeflippt, was?»

«Frag nicht!»
«Armes Kind! Ich kenn das Gefühl. Als ich *meiner* Mom gesagt hab, daß ich nach San Francisco gehe, hat die sich gar nicht mehr eingekriegt mit ihrem Gekeife! Es war unsäglich viel schlimmer als den Sommer, wo ich bei Up With People mitmachen wollte! Schon damals hat meine Mom nur Zustände gekriegt, obwohl ich wild entschlossen war, die ganze Welt zu missionieren!»
«O Gott... das hatt ich schon fast vergessen.»
Connies Blick verklärte sich in der Erinnerung. «Tja... He, hast du nicht 'n ordentlichen Durst, Schatz?»
«Doch.»
«Rühr dich nicht vom Fleck. Ich bin gleich zurück.»
Im Handumdrehen kam Connie mit zwei United-Gläsern und einer Flasche Banana Cow aus der Küche zurück. Sie schenkte Mary Ann ein.
Mary Ann nippte vorsichtig. «Hm... wenn man sich hier so umsieht, dann bist du ja praktisch schon eine Einheimische, wie? Das... ist doch schon was.»
«Doch schon was» war das Netteste, wozu

Mary Ann sich durchringen konnte. Connies Wohnung war eine wilde Mischung aus Plastik-Tiffany-Lampen und knöcheltiefen Zottelteppichen, gestickten Snoopy-Bildern und Kätzchenplakaten mit Kopf-hoch-Parolen, Salatschüsseln aus den Tropen und Pflanzenampeln aus Makramee und – Bitte nicht! dachte Mary Ann – einem Pet Rock. Mary Ann waren diese neckischen bunten Tierfigürchen aus Stein ein Graus.

«Ich hatte Glück», sagte Connie strahlend. «Wenn du fliegst und so... da kannst du auf deinen Trips 'ne Menge Kunstobjekte aufgabeln.»

«Mhmm.» Mary Ann überlegte, ob Connie ihr Stierkämpferbild auf schwarzem Samt als Kunstobjekt ansah. Die Stewardeß lächelte unbeirrt. «Schmeckt der Bananenmix?»

«Wie? Ach so... ja. Toll.»

«Ich trink das Zeug für mein Leben gern.» Zur Bekräftigung nahm sie gleich noch ein paar Schlucke. Danach schaute sie Mary Ann an, als wäre ihr gerade erst bewußt geworden, daß die in ihrer Wohnung saß. «Mensch, du! Wir haben uns ja lange nicht gesehen!»

«Ja. Zu lange. Acht Jahre.»

«Acht Jahre... Acht Jahre! Du siehst aber gut aus. Du siehst so richtig... He, soll ich dir mal was ganz Schauerliches zeigen?»

Ohne eine Antwort abzuwarten, sprang sie auf und ging zu einem Bücherregal, das aus sechs orangen Foremost-Milchkästen bestand. Mary Ann konnte *Die Möwe Jonathan, Du bist dein bester Freund, Die sinnliche Frau, Der Weg der Wärme* und *More Joy of Sex* erkennen.

Connie griff nach einem großformatigen, in burgunderrotes Plastik gebundenen Buch und streckte es Mary Ann entgegen.

«Tätarä-*tä*!»

«Ach du meine Güte! *Der Freibeuter*?»

Connie nickte triumphierend und zog sich einen Stuhl heran. Sie klappte das Schuljahrbuch auf. «Du fällst garantiert *tot um*, wenn du deine Frisur siehst!»

Mary Ann fand ihr Bild aus der Abschlußklasse. Ihr Haar war sehr blond und mit Akribie gebügelt. Sie trug den obligatorischen Pullover mit Perlenkette. Und obwohl er wegretuschiert war, wußte sie noch genau, wo der Pickel saß, der ihr am Fototag gesprossen war.

Unter dem Foto stand:

MARY ANN SINGLETON
«Stille Wasser sind tief»
Pep Club 2,3,4
Future Homemakers of America 3,4
National Forensic League 4
*Plume and Palette* 3,4

Mary Ann schüttelte den Kopf. «Ruhe in Frieden», sagte sie und verzog das Gesicht. Connie verzichtete gnädig darauf, ihre eigene Kurzbiographie zu präsentieren. Mary Ann kannte sie nur zu gut: Vortänzerin bei den Cheerleaders, drei Jahre lang Klassenkassiererin und Vorsitzende der YWCA-Teens. Connies Wasser waren rasch und seicht geflossen. Sie war beliebt gewesen.

Mary Ann kämpfte sich in die Gegenwart zurück. «Und was machst du so… zum Vergnügen, meine ich?»
Connie rollte mit den Augen. «Rate mal.»
«Lieber nicht.»
«Na gut… Zum Beispiel.» Connie beugte sich über den Kaffeetisch – eine umgearbeitete Flugzeugtür – und kramte eine Ausgabe von *Oui* heraus. «Liest du so was?» erkundigte sich Mary Ann.

«Nein. Die hat irgendein Kerl dagelassen.»
«Oh.»
«Schlag mal Seite siebzig auf.»
Mary Ann blätterte sich zu einem Artikel durch, der die Überschrift trug: «Gemischte Sauna – Willkommen zur saubersten Orgie der Welt». Illustriert war er mit einem fotografierten Wirrwarr aus Beinen, Brüsten und Hinterteilen.
«Reizend.»
«Das ist unten an der Valencia Street. Da zahlt man seinen Eintritt und nimmt, was kommt.»
«Du warst schon dort?»
«Nein. Aber ich hätte nichts dagegen.»
«Ich fürchte, auf mich mußt du verzichten, wenn du vorhast, da...»
Connie lachte herzhaft. «Keine Angst, mein Schatz. Das sollte nicht heißen, daß wir beide... Du bist neu hier. Laß dir Zeit. Diese Stadt ist genau richtig zum Lockerwerden.»
«So locker werd ich nie sein... oder so verzweifelt.»
Connie zuckte mit den Schultern und wirkte ein wenig gekränkt. Sie trank noch einen Schluck Banana Cow.

«Connie, ich wollte nicht...»
«Schon gut, mein Schatz. Ich weiß, wie's gemeint war. Mensch du, ich hab einen Riesenhunger. Wie wär's mit einem kleinen Hamburger Helper?»

Nach dem Abendessen legte sich Mary Ann für eine Stunde hin.
Im Traum sah sie sich in einem großen gekachelten Raum voll Dampf. Sie war nackt. Ihre Mutter und ihr Vater waren da und schauten sich durch die Dampfschwaden hindurch im Fernsehen *Geh aufs Ganze* an. Connie kam mit Mr. Lassiter herein, der Mary Ann wütend beschimpfte. Mary Anns Eltern schrien auf Monty Halls ersten Kandidaten ein.
«Nimm die Kiste», kreischten sie. «Nimm doch die Kiste...»
Mary Ann wurde wach. Sie stolperte ins Bad und spritzte sich Wasser ins Gesicht.
Als sie das Schränkchen über dem Waschbecken öffnete, stieß sie auf eine ganze Rasierwasserkollektion: Brut, Old Spice, Jade East.
Connie war offensichtlich immer noch beliebt.

## *In der Disco in San Francisco*

Die Discothek hieß Dance Your Ass Off. Mary Ann fand das unanständig, sagte aber nichts. Connie war zu sehr damit beschäftigt, sich auf ihre Marisa-Berenson-Masche einzustimmen.

«Der Trick ist, daß du *total* gelangweilt aussehen mußt.»

«Das sollte einem hier nicht schwerfallen.»

«Wenn du einen fürs Bett willst, Mary Ann, dann sieh zu, daß du...»

«Ich hab nie gesagt, daß ich das will.»

«*Sagen* tut's natürlich nie jemand! Aber merk dir eins, mein Schatz: Wenn du nicht weißt, was du sexuell willst, dann erlebst du in dieser Stadt nichts als böse Überraschungen.»

«Sehr schön gesagt. Du solltest bei Gelegenheit einen Country & Western-Song daraus machen.»

Connie stöhnte genervt auf. «Komm jetzt. Und *versuch* wenigstens, ein anderes Gesicht zu machen als Tricia Nixon bei der Truppeninspektion.» Sie ging voran und besetzte ein abgetakeltes Sofa an der Wand.

Der Raum sollte locker-lässig wirken: ziegelrote Wände, rotierende Brauereischilder und Flohmarktkitsch. Hennagefärbte Frauen und Männer in Rugby-Shirts standen in dekorativen Grüppchen an der Bar, als posierten sie für eine Seagram-Reklame.
Während Connie was zu trinken besorgte, setzte sich Mary Ann verlegen auf das Sofa und zwang sich, Vergleiche mit Cleveland sein zu lassen.
Aus einigen Metern Entfernung taxierte ein Mädchen in Cowboystiefeln, Trainingshose und einer mit rotem Eichhörnchenfell besetzten Bomberjacke Mary Anns Hosenanzug aus Polyester mit abschätzigem Blick. Mary Ann schaute weg, doch die Folge war bloß ein anderes Gegenüber – rückenfreies Flechtkleid mit Stegkragen, schwarze Fingernägel, Bürstenhaarschnitt und blasierter Blick.
«Da steht ein Kerl an der Bar, der ist Robert Redford wie aus dem Gesicht geschnitten.»
Connie brachte die Drinks. Einen Tequila Sunrise für sich, Weißwein für Mary Ann.
«Was ist mit den Warzen?» fragte Mary Ann und griff nach dem Wein.

«Wie?»
«Der Typ. Hat er Warzen? Robert Redford hat Warzen.»
«Das ist ja abgedreht... Du, ich hab Lust auf ein bißchen wildes Bäng-Bäng. Stürmen wir die Tanzfläche?»
«Ich glaube, ich lasse... das Ganze erst mal auf mich wirken. Geh du ruhig schon vor.»
«Bist du sicher?»
«Ja. Danke. Mach dir um mich keine Sorgen.»
«Wie du willst, Schätzchen.»
Kaum war Connie in der Disco verschwunden, setzte sich ein langhaariger Typ in einem griechischen Bauernhemd neben Mary Ann auf das Sofa. «Stör ich, oder kann ich mich setzen?»
«Sicher... Ich meine, nein.»
«Tanzen ist wohl nicht dein Ding, was?»
«Na ja, nicht gerade im Moment.»
«Stehst du dann mehr auf Geistiges?»
«Ich weiß nicht, was...»
«Was bist du für ein Zeichen?»
Am liebsten hätte Mary Ann gesagt: «Ein Stoppschild.» Sie sagte: «Rate mal.»
«Mhhmm... Du stehst auf Spielchen. Okay... Ich würde sagen, du bist Stier.»

Das saß. «Stimmt... Wie hast du das gemacht?»

«Ganz einfach. Stiere sind grauenhaft stur. Es gibt *keinen*, der dir freiwillig verrät, was er für ein Sternzeichen ist.» Er beugte sich so weit vor, daß Mary Ann sein Patschuli riechen konnte, und sah ihr direkt in die Augen. «Doch unter der rauhen Schale des Stiers schlägt das Herz eines hoffnungslosen Romantikers.»

Mary Ann rückte sachte ein Stück zur Seite.

«Und?» sagte der Mann.

«Was, und?»

«Du bist doch eine Romantikerin, oder? Du magst Erdfarben und neblige Abende und Lina-Wertmüller-Filme, und bei der Liebe läßt du Kerzen mit Zitronenduft brennen.» Er griff nach ihrer Hand. Sie zuckte zurück. «Keine Angst», sagte er sanft. «Ich mach dir noch keinen Antrag. Ich will mir bloß deine Herzlinie ansehen.»

Er ließ seinen Zeigefinger über Mary Anns Handfläche gleiten. «Sieh dir mal deinen Ansatz an», forderte er sie auf. «Er liegt genau zwischen Jupiter und Saturn.»

«Was bedeutet das?» Mary Ann blickte auf

seinen Finger. Er lag zwischen ihrem Mittel- und ihrem Zeigefinger. «Das bedeutet, daß du ein sehr sinnliches Wesen bist», erklärte der Typ. Er ließ seinen Finger vor und zurück gleiten. «Das stimmt doch, oder? Du bist doch ein sehr sinnliches Wesen?»

«Na ja, ich...»

«Weißt du, daß du genau wie Jennifer O'Neill aussiehst?»

Mary Ann stand ruckartig auf. «Nein, aber wenn du noch ein bißchen mehr schleimst...»

«Aber, aber, Mädchen. Schon gut, schon gut. Ich dräng mich nicht auf...»

«Gut. Dann geh ich nach nebenan. Weidmannsheil.» Sie ging in die Disco, um ihre Freundin zu suchen. Connie befand sich im Auge des Hurrikans und tanzte mit einem Schwarzen, der knielange Lurexhosen und Glitzerschuhe mit Keilabsätzen trug.

«Was ist los?» fragte die Stewardeß, als sie an den Rand der Tanzfläche gewackelt kam.

«Ich bin geschafft. Kann ich die Wohnungsschlüssel haben?»

«Stimmt was nicht, Schatz?»

«Nein, nein. Ich bin bloß müde.»

«Ein heißer Typ?»
«Nein, bloß... Könnte ich bitte die Schlüssel haben, Connie?»
«Hier hast du die Zweitschlüssel. Und träum was Schönes.»
Als Mary Ann in den 41er Bus stieg, wurde ihr schlagartig klar, warum Connie immer ein zweites Paar Schlüssel dabeihatte.

Mary Ann sah sich *Mary Hartman, Mary Hartman* an, drehte dann den Fernseher ab und schlief ein.
Es war nach zwei, als Connie nach Hause kam.
Sie war nicht allein.
Mary Ann drückte sich gegen die Rückenlehne des Sofas, steckte den Kopf unter die Decken und stellte sich schlafend. Connie und ihr Gast stolperten auf Zehenspitzen ins Schlafzimmer.
Die Stimme des Mannes klang etwas whiskeyverwaschen, doch Mary Ann wußte sofort, wer er war.
Er fragte nach Kerzen mit Zitronenduft.

## *Ein neues Zuhause*

Mary Ann schlich sich kurz vor Morgengrauen aus der Wohnung. Ihr grauste vor der Aussicht auf ein Trix-Frühstück zu dritt.
Sie wanderte durch die Straßen des Marina-Viertels, hielt Ausschau nach «Zu vermieten»-Schildern und aß später im International House of Pancakes ein enormes Frühstück.
Um Punkt neun war sie die erste Kundin eines Maklerbüros an der Lombard Street.
Sie wollte eine schöne Aussicht, ein Sonnendeck und einen Kamin für unter hundertfünfundsiebzig Dollar.
«Ogottogott», sagte die Maklerin. «Für ein Mädchen ohne Job sind Sie ja ganz schön wählerisch.» Sie bot Mary Ann ein «hübsches Studio in Lower Pacific Heights mit voll elektrifizierter Küche, Spannteppich und Teilausblick auf das Fillmore Auditorium» an. Mary Ann sagte nein.
Am Schluß blieben ihr drei Möglichkeiten.
Zur ersten gehörte eine sittenstrenge Vermieterin, die wissen wollte, ob Mary Ann «Marihuana nahm».
Die zweite war eine rosa Stuckfestung an der

Upper Market mit Goldflitter im Deckenputz.
Die letzte lag auf dem Russian Hill. Mary Ann kam um halb fünf dort an.
Das Haus stand an der Barbary Lane, einem aus Holzplanken gezimmerten schmalen Verbindungssteg, der zwischen der Union und der Filbert von der Leavenworth abging. Es war ein ziemlich verwittertes, mit braunen Schindeln verkleidetes zweistöckiges Gebäude. Mary Ann fühlte sich an einen alten Bären erinnert, in dessen Fell sich trockenes Laub verfangen hatte. Das Haus gefiel ihr auf Anhieb.
Die Vermieterin war eine Frau von Mitte Fünfzig und trug einen pflaumenfarbenen Kimono.
«Ich bin Mrs. Madrigal», sagte sie fröhlich. «Ganz Mittelalter.»
Mary Ann lächelte. «So alt wie ich heute können Sie sich gar nicht fühlen. Den ganzen Tag bin ich schon wegen einer Wohnung unterwegs.»
«Dann lassen Sie sich Zeit. Sie haben hier so was Ähnliches wie eine Aussicht, wenn man den kleinen Flecken Bucht gelten läßt, der zwischen den Bäumen durchschimmert. Ne-

benkosten sind natürlich inklusive. Ein kleines Haus. Nette Leute. Sind Sie diese Woche angekommen?»
«Sieht man das so deutlich?»
Die Hausbesitzerin nickte. «Der Blick sagt alles. Sie können es nicht erwarten, in den Lotos zu beißen.»
«Wie? Ich versteh nicht...»
«Tennyson. Sie wissen doch: ‹Dann äß ich Lotos Tag für Tag, / Schaute der Welle, die am Strand sich kräuselt, / Des weißen Schaumes zarter Krümmung nach, / Und weihte völlig Geist und Herz / Der›... Was war das bloß, was war das bloß?... Na, Sie verstehen schon.»
«Ist die Wohnung denn... möbliert?»
«Wechseln Sie nicht das Thema, wenn ich Tennyson zitiere.»
Mary Ann war irritiert, doch dann merkte sie, daß die Vermieterin lächelte. «Sie werden sich an mein Geplapper schon gewöhnen», sagte Mrs. Madrigal. «Bei den anderen war das auch so.» Sie ging ans Fenster, wo der Wind ihren Kimono flattern ließ wie ein glänzendes Gefieder. «Die Wohnung ist möbliert, ja. Was sagen Sie, meine Liebe?»

Mary Ann sagte ja.
«Gut. Dann gehören Sie jetzt zu uns. Willkommen in der Barbary Lane 28.»
«Ich danke Ihnen.»
«Ja, das sollten Sie auch.» Mrs. Madrigal lächelte. Ihr Gesicht hatte etwas leicht Verhärmtes, doch Mary Ann kam zu dem Schluß, daß sie wirklich sehr nett war. «Haben Sie irgendwelche Vorbehalte gegen Haustiere?» fragte die neue Mieterin.
«Meine Liebe... Ich habe gegen gar nichts Vorbehalte.»

In Hochstimmung marschierte Mary Ann bis zur Ecke Hyde und Union und rief vom Searchlight Market aus Connie an. «Hallo. Was glaubst du, was passiert ist?»
«Bist du entführt worden?»
«Oh... Connie, es tut mir leid. Ich habe mich nach einer Wohnung...»
«Ich hab Todesängste ausgestanden.»
«Das tut mir schrecklich leid. Ich... Connie, ich hab eine entzückende Wohnung auf dem Russian Hill gefunden, zweiter Stock in einem echt tollen Haus... Und ich kann morgen einziehen.»
«Oh... das ging ja schnell.»

«Es ist so *niedlich!* Am liebsten würd ich es dir jetzt sofort zeigen.»

«Klingt ganz nett. Hör zu, Mary Ann... Also, wenn du irgendwie Geldprobleme hast oder so, kannst du bei mir wohnen bleiben, bis...»

«Ich hab doch was gespart. Trotzdem schönen Dank. Du warst ganz toll.»

«Für dich doch immer. Aber... was machst du denn heute abend, Schatz?»

«Mal überlegen. Ach, ja. Robert Redford holt mich um sieben ab. Wir gehen bei Ernie's essen.»

«Versetz ihn. Er hat Warzen.»

«Und was krieg ich an seiner Stelle?»

«Das Schärfste, was die Stadt zu bieten hat. Social Safeway.»

«Social *was?*»

«Safeway, Dummerchen. Wie Supermarkt.»

«Ja, so hab ich das auch verstanden. Aber du weißt ja besser als ich, wo kleine Mädchen ihren Spaß haben können.»

«Zu deiner Information, Kleines, Social Safeway ist nun mal... na ja, es ist halt das... Tollste überhaupt. Nicht mehr und nicht weniger.»

«Für die, die auf Lebensmittel abfahren.»
«Für die, die auf *Männer* abfahren, Dummchen. Das ist hier Tradition. Jeden Mittwochabend. Und du brauchst nicht mal so auszusehen, als wärst du auf Anmache aus.»
«Das glaub ich nicht.»
«Es gibt nur eine Möglichkeit, es dir zu beweisen.»
Mary Ann kicherte. «Und was soll ich machen? Hinter den Artischocken in Deckung gehen, bis ein nichtsahnender Börsenmakler des Wegs kommt?»
«Sei um acht bei mir in der Wohnung, Mädchen. Du wirst schon sehen.»

## *Liebe heute im Angebot*

Ein Dutzend Reklametafeln baumelten von der Decke des Marina Safeway und umschmeichelten die Kundschaft mit einer doppeldeutigen Botschaft: «Nachbarn sind wir schon. Freunde wollen wir noch werden.»
Und Freunde fand man hier tatsächlich.
Als Mary Ann sich umsah, schlenderte ge-

rade ein blonder Mann in einem Stanford-Sweatshirt auf eine Brünette in einem rükkenfreien Jeanskleid zu. «Ähm... Entschuldige, aber kannst du mir vielleicht sagen, ob man besser Saffola-Öl oder Wesson-Öl nimmt?»

Das Mädchen sagte kichernd: «Wofür?»

«Das ist ja nicht zu fassen», sagte Mary Ann und griff nach einem Einkaufswagen. «Jeden Mittwochabend?»

Connie nickte. «Das Wochenende ist auch nicht grade von Pappe.» Sie packte einen Wagen und stürzte sich in einen besonders belebten Gang. «Bis später. Es läuft besser, wenn man allein ist.»

Mary Ann schlenderte zur Obst- und Gemüseabteilung. Connies heidnisches Paarungsritual würde sie nicht daran hindern, hier *einzukaufen.*

Dann zupfte sie jemand am Ärmel.

Es war ein mondgesichtiger Kerl um die Fünfunddreißig. Er trug einen legeren Anzug mit einem weißen Kunstledergürtel und passenden Schuhen. «Sind das die Dinger, die man zum chinesisch Kochen braucht?» fragte er und deutete auf die Zuckerschoten.

«Ja», sagte sie so wenig einladend wie möglich.
«Toll. Ich such schon die ganze Woche danach. In letzter Zeit fahr ich nämlich total auf chinesisches Essen ab. Ich hab mir schon einen Wok und so zugelegt.»
«Aha. Jedenfalls sind das die richtigen. Also dann... gutes Gelingen.» Sie kratzte im wahrsten Sinn des Wortes die Kurve und steuerte auf die Kasse zu. Ihr Angreifer ließ nicht locker.
«He... hallo, könntest du mir nicht ein bißchen was über chinesisches Essen erzählen?»
«Wie käme ich dazu.»
«Zier dich nicht so. Die meisten Mädels hier in der Stadt stehen total auf chinesisches Essen.»
«Dann bin ich die Ausnahme.»
«Okay. Schon verstanden. Jeder nach seiner Fasson, was? Worauf stehst du denn?»
«Aufs Alleinsein.»
«Okay. Schon gut, schon gut.» Er zögerte einen Augenblick und spuckte dann seinen Abgangssatz hin: «Du hast wohl grade deine Tage, du Zicke!»
Er ließ sie zwischen den Gefriertruhen ste-

hen. Ihre Fingerknöchel traten weiß hervor, so fest hielt sie den Rand einer der Truhen umklammert, und ihr Atem klang wie ein gepreßtes Notsignal. «Mein Gott», flüsterte sie mit trockener Stimme, als eine einzelne Träne auf eine Packung Sara-Lee-Brownies fiel.

«Reizend», sagte ein Mann neben ihr.

Mary Ann wurde stocksteif. «Was?»

«Ihr Freund dort... der mit der spritzigen Antwort. Ein wirklich vornehmer Mensch.»

«Sie haben alles mit angehört?»

«Nur die zärtlichen Abschiedsworte. War der Rest besser?»

«Nein. Es sei denn, man findet es toll, sich mit Charlie Manson über Zuckerschoten zu unterhalten.»

Der Mann zeigte beim Lachen schöne weiße Zähne. Mary Ann schätzte ihn auf ungefähr dreißig. Er hatte lockige braune Haare und blaue Augen und trug ein weiches Flanellhemd. «Manchmal trau ich hier meinen Augen nicht», sagte er.

«Das kann ich mir vorstellen.» Hatte er sie weinen sehen?

«Das fürchterliche ist, daß die ganze Stadt

übers Sichauseinandersetzen und Miteinanderkommunizieren und all den Scheiß aus dem Wassermannzeitalter redet, und dabei brechen sich die meisten *noch immer* einen ab, damit sie so wirken, wie sie nicht sind... Entschuldigung, ich hör mich wohl wie ein Briefkastenonkel an, was?»

«Nein. Ganz und gar nicht. Ich... bin ganz Ihrer Meinung.»

Er streckte ihr die Hand entgegen. «Ich heiße Robert.» Nicht Bob oder Robbie, sondern Robert. Kraftvoll und direkt. Sie ergriff seine Hand. «Ich bin Mary Ann Singleton.» Sie wünschte sich, daß er ihren Namen behalten würde.

«Tja... auch auf die Gefahr hin, mich wie Charlie Manson anzuhören... wie wär's mit einem kleinen kulinarischen Ratschlag für einen glücklosen Mann?»

«Gern. Aber nicht zu Zuckerschoten?»

Er lachte. «Nicht zu Zuckerschoten. Zu Spargel.»

Mary Ann hatte dieses Thema noch nie so aufregend gefunden. Sie las gerade Roberts Reaktion auf ihr Sauce-hollandaise-Rezept aus seinen Augen, als ein schnauzbärtiger junger Mann mit seinem Einkaufswagen her-

anrollte. «Dich kann man auch keine Minute allein lassen.» Er sprach mit Robert.
Robert gluckste. «Michael... das ist Mary Ann... äh...»
«Singleton», ergänzte Mary Ann.
«Das ist Michael. Wir wohnen zusammen. Mary Ann hat mir ihr Hollandaise-Rezept verraten, Michael.»
«Sehr schön», sagte Michael lächelnd zu Mary Ann. «Er macht eine *scheußliche* Hollandaise.»
Robert zuckte mit den Schultern. «Michael ist bei uns zu Hause der Küchenchef. Und daraus leitet er das Recht ab, mir das Leben zur Qual zu machen.» Er grinste seinen Mitbewohner an.
Mary Anns Hände waren feucht.
«Ich bin auch keine besonders gute Köchin», sagte Mary Ann. Wie kam sie bloß dazu, Robert beizuspringen? Robert brauchte ihre Unterstützung nicht. Robert wußte nicht einmal, daß sie neben ihm stand.
«Sie war mir eine große Hilfe», behauptete Robert. «Das ist mehr, als ich von anderen Leuten sagen kann.»
«Jetzt krieg dich aber wieder ein», meinte Michael grinsend.

«Na ja», sagte Mary Ann matt. «Ich glaube, ich muß jetzt... weiter.»
«Schönen Dank für Ihre Hilfe», sagte Robert. «Ehrlich.»
«War nett, Sie kennenzulernen», sagte Michael.
«Gleichfalls», erwiderte Mary Ann und schob ihren Wagen in den Gang mit den Hygieneartikeln. Als Connie gleich darauf um die Ecke kam, stand ihre Freundin niedergeschlagen da und quetschte eine Rolle Charmin.
«Total scharf!» sagte die Stewardeß. «Hier geht heute echt die Post ab!»
Mary Ann warf das Toilettenpapier in ihren Wagen. «Ich hab Kopfschmerzen, Connie. Ich glaub, ich geh nach Hause. Okay?»
«Na ja... Wart noch kurz. Ich komm mit.»
«Connie, ich... ich wär gern allein. Okay?»
«Klar. Okay.»
Sie sah beleidigt aus. Wie immer.

## *Connies Pleitenacht*

Connie kam eine Stunde nach Mary Ann aus dem Marina Safeway zurück.
Geräuschvoll ließ sie ihre Einkäufe auf den Küchentresen plumpsen. «Also», sagte sie auf dem Weg ins Wohnzimmer, «ich hab jetzt Bock auf die Union Street. Du hast wohl eher Bock aufs Schlafengehen, was?»
Mary Ann nickte. «Ich muß mich morgen um einen Job kümmern und den Umzug machen. Da muß ich fit sein.»
«Vom Abstinentsein kriegt man Pickel.»
«Ich werd mir's merken», sagte Mary Ann, während Connie schon zur Tür hinausstakste.

Mary Ann setzte sich zum Abendessen vor den Fernseher. Sie aß Steak mit Salat und Happy Potatoes – Connie schwor auf diese Kombination, wenn es darum ging, Männer bei Laune zu halten. Sie stöberte in Connies Plattensammlung (The Carpenters, Percy Faith, 101 Strings) und schaute sich dann die Bilder aus *More Joy of Sex* an. Kurz vor Mitternacht schlief sie auf dem Sofa ein.
Als sie aufwachte, war das Zimmer licht-

durchflutet. Die Müllabfuhr rumpelte die Greenwich Street entlang. Eine Schlüsselkette schlug klimpernd gegen die Wohnungstür.

Connie schleppte sich herein. «Es ist kaum zu glauben, wie viele *Arschlöcher* es in dieser Stadt gibt!»

Mary Ann setzte sich auf und rieb sich die Augen. «Schlimme Nacht, hm?»

«Schlimme Nacht, schlimmer Morgen, schlimme Woche, schlimmes Jahr. Diese Spinner! Die Scheiße ist, daß ich dauernd bei denen lande. Wenn irgendwo im Umkreis von hundert Kilometern ein Spinner rumrennt, ist die gute alte Connie Bradshaw gleich zur Stelle und geht mit ihm aus. Scheiße!»

«Wie wär's mit einem Kaffee?»

«Was ist los mit mir, Mary Ann? Kannst du mir das mal sagen? Ich hab zwei Titten und einen netten Arsch. Ich wasche mich. Ich bin eine gute Zuhörerin...»

«Nun komm schon. Wir brauchen beide einen Kaffee.»

Die Küche taugte in ihrer perversen Niedlichkeit überhaupt nicht als Ort für eine frühmorgendliche Seelenmassage. Mary Ann schaute aus zusammengekniffenen Augen auf die Doris-Day-gelben Wände und die kleinen Behälter, hinter deren Sichtfenstern getrocknete Bohnen lagerten.

Connie verschlang eine Schale Trix. «Ich glaub, ich werd Nonne», sagte sie.

«In dem Outfit wirst du dann im Dance Your Ass Off sicher zum Star.»

«Ach wie lustig.»

«Okay. Was war los?»

«Du willst es doch gar nicht wissen.»

«Will ich schon. Du bist also in die Union Street gegangen?»

«Zu Perry's. Dann ins Slater Hawkins. Aber die *richtige* Pleite kam erst im Thomas Lord's.»

Mary Ann goß ihr eine Tasse Kaffe ein. «Was ist denn passiert?»

«Wenn ich das mal selber wüßte! Ich sitz ganz unschuldig an der Bar und trink so vor mich hin, als ich drüben am Kamin diesen Kerl entdecke. Ich hab ihn sofort erkannt, weil ich mit ihm letzten Monat auf seinem Hausboot in Sausalito eine kleine Nummer geschoben habe.»

«Eine kleine Nummer geschoben?»

«Gevögelt.»

«Schönen Dank.»
«Na... ich also rüber zu dem Kerl. Jerry Sonstwas. Ein deutscher Name. Wildlederhose, ein Halskettchen aus türkisen Kürbisblüten und eine Brille à la John Denver. *Einfach umwerfend.* Auf... na ja... so auf die Art wie drüben im Marin eben. Ich sag also zu ihm: ‹Hallo, Jerry, wer hält denn das Hausboot warm?›, und da gafft mich das Arschloch bloß an, als wär ich irgend 'ne Nutte von der Market Street oder was. Weißt du, als würd er mich nicht mal *erkennen.* Ich bin mir vorgekommen wie der letzte *Dreck.*»
«Kann ich mir vorstellen.»
«Deshalb hab ich dann gesagt: ‹Connie Bradshaw von den Friendly Skies of United.› Bloß hab ich es... In einem richtig zickigen Ton gesagt, damit er's auch schnallt.»
«Hat er aber nicht?»
«Nein, verdammt noch mal! Er sitzt bloß da in seiner Hochnäsigkeit und glotzt stoned durch die Gegend. Schließlich bietet er mir einen Platz an, und dann macht er mich mit diesem Danny bekannt, einem Freund von ihm. Danach steht das Arschloch einfach auf und geht raus, und mich läßt er mit diesem

Danny allein. Der hatte grade so ein Therapiewochenende hinter sich, und da hat er mich dann vollgelabert mit lauter Scheiß von Abstand zum Selbst gewinnen und so.»

«O Gott. Und was hast du gemacht?»

«Was *konnte* ich schon machen? Ich bin mit Danny nach Hause gegangen. Sollte ich etwa zulassen, daß er mich auch sitzenläßt und ich dann allein meine Salzstangen mampfe? Nein! Es gibt schließlich so was wie Stolz!»

«Richtig.»

«Jedenfalls hat Danny eine wirklich süße Wohnung in Mill Valley, mit Redwoodtäfelung und ganz viel farbigem Glas und so, aber er ist total *besessen* von der Ökologie. Kaum hatten wir einen Joint geraucht, brabbelte er mir auch schon einen vor über die Rettung der Wale in Mendocino und über die Zerstörung der Ozonschicht durch Intimspray für Frauen.»

*«Was?»*

«Du weißt schon. Spraydosen. Und diese dämliche Ozonschicht. Auf jeden Fall war ich da schon ziemlich stoned, und dann hab ich gesagt, daß meiner Meinung nach jede

Frau das unveräußerbare... das unveräußerliche Recht... Wie heißt es denn nun?»
«Unveräußerlich.»
«Das unveräußerliche Recht hat, Intimspray zu benutzen, wenn sie das möchte, Ozonschicht hin oder her!»
«Und...?»
«Und er hat gesagt, nur weil ich die etwas *bizarre* Vorstellung habe, daß meine... na, du weißt schon... schlecht riecht, ist das noch lange kein Grund, den Rest der Welt der ultravioletten Strahlung und dem Hautkrebs auszusetzen. Oder so was in der Art.»
«Na... das war ja ein erquicklicher Abend.»
«Dieser Kerl ist doch einfach *unglaublich*. Nicht nur, daß er mich mit diesem ganzen Ökoscheiß überzieht, nein... es passiert noch nicht mal was.»
«Es ist nichts passiert?»
«Nichts. Null. Er kutschiert mich den ganzen Weg über die Brücke, und bloß zum Quatschen. Er sagt, er will zu mir als Person einen *Bezug herstellen*. Pah!»
«Und... Was hast du gesagt?»
«Ich hab ihm gesagt, er soll mich nach Hause

fahren. Und weißt du, was er da gesagt hat?»

Mary Ann schüttelte den Kopf.

«Er hat gesagt: ‹Tut mir leid, daß du umsonst gesprayt hast.›»

Ein paar Stunden später zog Mary Ann von Connies Wohnung in die Barbary Lane 28 um. Ihr Umzugsgut bestand aus einem Rucksack. Connie war erkennbar deprimiert.

«Du kommst mich doch mal besuchen, oder?»

«Klar. Und du mußt zu mir auf Besuch kommen.»

«Hand aufs Herz?»

«Hand aufs Herz.»

Beide glaubten nicht daran.

## *Bewerbungstaktik*

An ihrem ersten Vormittag in der Barbary Lane suchte Mary Ann im Branchenbuch nach dem Schlüssel zu ihrer Zukunft. Laut einer großformatigen, mit Gänseblümchen verzierten Anzeige war die Metropolitan

Employment Agency eine «individuelle Arbeitsvermittlung, der Ihre Zukunft am Herzen liegt».

Das hörte sich gut an. Zuverlässig und doch mitfühlend.

Mary Ann schlang ein Instant Breakfast runter, zog ihr dezentes marineblaues Kostüm an und stieg in den 41er Union Richtung Montgomery Street. Ihr Horoskop versprach an diesem Tag «unvergleichliche Möglichkeiten für Sie, wenn Sie den Stier bei den Hörnern packen».

Die Agentur befand sich im vierten Stock eines gelb verklinkerten Gebäudes, in dem es nach Zigarren und Salmiakgeist roch. Jemand mit einem Auge für zeitgenössische Kaliforniensia hatte die Wände des Wartezimmers mit Jugendstilplakaten und einem aus Treibholz und Kupfer gefertigten Relief einer fliegenden Möwe geschmückt.

Mary Ann setzte sich. Da niemand zu sehen war, griff sie nach einem Heft der Zeitschrift *Office Management*. Sie las gerade einen Artikel über Avocadozucht im Büro, als aus einem Nebenraum eine Frau auftauchte.

«Haben Sie schon ein Formular ausgefüllt?»

«Nein. Ich wußte nicht...»
«Auf dem Pult dort. Ich kann Sie nicht vorlassen, solange Sie kein Formular ausgefüllt haben.»
Mary Ann füllte ein Formular aus. Mit den Fragen quälte sie sich ab. Verfügen Sie über ein Auto? Würden Sie eine Stelle außerhalb von San Francisco annehmen? Beherrschen Sie eine oder mehrere Fremdsprachen?
Sie trug das Formular zu der Frau ins Nebenzimmer. «Ich bin fertig», sagte sie so freundlich und verbindlich wie möglich.
Die Frau grunzte. Sie nahm Mary Ann das Formular ab und rückte die an einer Kette baumelnde Brille auf ihrer kleinen Schweinchennase zurecht.
Sie hatte eine Entenschwanzfrisur mit eingefärbten Strähnchen. Während sie das Formular prüfte, fingerte sie an einem Schreibtischspielzeug herum: vier Stahlkugeln, die an Schnüren von einem Gestell aus Walnußholz baumelten.
«Kein Abschluß», sagte die Frau schließlich.
«Meinen Sie... vom College?»
Die Frau brauste auf. «Ja. Vom College, meine ich.»

«Ich war zwei Jahre auf einem Junior College in Ohio, wenn das...»
«Zwischenprüfung?»
«Ja.»
«Ja und?»
«Was?»
«*Worin* hatten Sie Ihre Zwischenprüfung?»
«Oh. In Kunstgeschichte.»
Die Frau lächelte affektiert. «Von *der Sorte* haben wir garantiert mehr als genug.»
«Macht ein Abschluß denn wirklich so viel aus? Ich meine... für einen Sekretärinnenjob?»
«Na hören Sie mal! Ich hatte schon Doktorandinnen als Tippsen.» Sie redete in der ersten Person, als wären die jobbenden Studentinnen ihre Leibeigenen. Sie schrieb etwas auf eine Karteikarte und überreichte sie Mary Ann. «Das ist eine kleine Büroartikelfirma an der Market Street. Der Verkaufsleiter braucht ein Girl Friday. Fragen Sie nach Mr. Creech.»

Der entpuppte sich als rotgesichtiger Mann um die Fünfzig. Er trug ein burgunderrotes Polyestersakko mit übergroßem Fischgrät-

muster. Seine Hose und die Krawatte hatten die gleiche Farbe.
«Haben Sie schon mal im Verkauf gearbeitet?» Er lächelte und lehnte sich in seinem quietschenden Drehstuhl zurück.
«Nein... na ja, nicht so richtig. Die letzten vier Jahre habe ich bei Lassiter Fertilizers in Cleveland als Sekretärin gearbeitet. Ich war nicht direkt *im* Verkauf, aber... wissen Sie... ich hatte eigentlich mit allem zu tun.»
«Klingt gut. Firmentreue. Das ist immer ein gutes Zeichen.»
«Die letzten anderthalb Jahre war ich auch noch Assistentin in der Geschäftsleitung, und in meiner Zuständigkeit lagen mehrere...»
«Schön, schön... Ich nehme an, Sie wissen, was ein Girl Friday ist?»
«So eine Art Mädchen für alles... oder?» Sie lachte nervös auf.
«Die Bezahlung ist gut. Sechshundertfünfzig im Monat. Und es geht sehr locker zu bei uns... Schließlich sind wir in San Francisco.» Er fixierte Mary Ann und fing an, am Knöchel seines Zeigefingers herumzukauen.
«Mir gefällt es... wenn es im Büro etwas ungezwungener zugeht», sagte Mary Ann.

«Mögen Sie Vegas?»
«Sir?»
«Earl.»
«Wie?»
«Ich heiße Earl. Ungezwungen... so sagten wir doch, nicht?» Grinsend wischte er sich über die Stirn. Er schwitzte ziemlich stark. «Ich habe gefragt, ob Ihnen Vegas gefällt. Wir sind ziemlich oft in Vegas. Vegas, Sacramento, L.A., Hawaii. Das bringt 'ne Menge Spesen zusätzlich.»
«Klingt ja... richtig gut.»
Er zwinkerte ihr zu. «Wenn Sie nicht... Sie verstehen... zugeknöpft sind.»
«Ach.»
«Ach was?»
«Ich bin zugeknöpft, Mr. Creech.»
Er schnappte sich eine Büroklammer vom Schreibtisch und bog sie, ohne hochzuschauen, langsam auseinander. «Die nächste», sagte er ruhig.
«Sir?»
«Raus mit Ihnen.»

Sie ging nach Hause in ihre neue Wohnung und heulte. Als die Nachmittagssonne sich durch das Fenster ergoß, schlief sie ein. Um

fünf wachte sie auf und scheuerte aus therapeutischen Gründen die Küchenspüle blitzblank. Sie aß etwas Blaubeerjoghurt und machte eine Liste von Dingen, die sie für ihre Wohnung brauchte.
Sie schrieb einen Brief an ihre Eltern. Optimistisch, aber vage.
Draußen vor der Tür war ein Geräusch. Nach kurzem Lauschen öffnete sie. Sie sah gerade noch flatternde pflaumenfarbene Seide, die nach unten entschwand.
Mary Ann fand einen Zettel an ihrer Tür:

> Eine Kleinigkeit aus meinem Garten,
> um dich in deinem neuen Heim
> willkommen zu heißen.
>
> *Anna Madrigal*
>
> P.S.: Ich bring dich um, wenn du
> deiner Mutter etwas davon sagst.

Auf dem Zettel klebte ein feinsäuberlich gerollter Joint.

## *Auftritt Mona*

Die Frau unten an den Mülltonnen hatte krause rote Haare und trug ein aufgepepptes Farmerinnenkleid aus Baumwolle.

Naserümpfend ließ sie ihre Hefty-Tüte in eine der Tonnen fallen und lächelte Mary Ann an. «Müll ist *sehr* aussagekräftig, kann ich dir nur sagen. Tarotkarten sind ein Dreck dagegen!»

«Was würdest du sagen zu... Moment mal... vier Joghurtbechern, einer Cost-Plus-Tüte, ein paar Avocadoschalen und diversen Plastikfolien?»

Die Frau drückte ihre Finger gegen die Stirn wie ein Medium. «Ah, ja... die Person sorgt gut für sich... wenigstens, was die Ernährung angeht. Wahrscheinlich ist sie auf Diät und... richtet eine neue Wohnung ein!»

«Unheimlich!» sagte Mary Ann lächelnd.

«Außerdem... züchtet sie gern Pflanzen. Sie hat den Avocadokern nicht weggeworfen, und das heißt, daß sie ihn wahrscheinlich in der Küche eingepflanzt hat.»

«Bravo!» Mary Ann streckte ihr die Hand entgegen. «Ich bin Mary Ann Singleton.»

«Ich weiß.»

«Aus meinem Müll?»
«Von unserer Vermieterin. Unserer Urmutter.» Sie schüttelte Mary Anns Hand mit festem Griff. «Ich bin Mona Ramsey... von direkt unter dir.»
«Hallo. Du hättest sehen sollen, was unsere Mutter mir gestern abend an die Zimmertür geklebt hat.»
«Einen Joint?»
«Sie hat es dir erzählt?»
«Nein. Das gehört hier zum Standardprogramm. Wir kriegen alle einen.»
«Hat sie das Zeug im Garten?»
«Gleich da drüben hinter den Azaleen. Sie hat den Pflanzen sogar Namen gegeben... Dante zum Beispiel, oder Beatrice, oder... Da fällt mir ein, willst du vielleicht etwas Ginseng?»
«Was?»
«Ginseng. Ich hab grade welchen gekocht. Komm doch mit hoch.»
Monas Wohnung im ersten Stock war mit indischen Wandbehängen, einer Sammlung von Straßenschildern und Kugellampen aus dem Art déco verschönert. Ihr Eßtisch war eine riesige Kabeltrommel. Ihr Sessel eine umgearbeitete viktorianische Toilette.

«Früher hatte ich mal Vorhänge», sagte sie lächelnd und reichte Mary Ann einen Becher Tee, «aber nach einiger Zeit sah's mir hier mit den Paisleystoffen viel zu altmodisch und... höheretöchtermäßig aus.» Sie zuckte mit den Schultern. «Außerdem... was soll's... vor wem verberge ich denn schon meinen Körper?»

Mary Ann schaute aus dem Fenster. «Was ist mit dem Haus da drüben...»

«Nein... ich meine... mehr so... Vor dem Kosmos kann *niemand* etwas wirklich verbergen. Unter den Strahlen des Großen Heilenden Lichts sind wir alle... na ja... *wahrhaft* nackt. Wen schert es da, wenn man seine *Haut* zeigt?»

«Der Tee schmeckt wirklich...»

«Warum willst du als Sekretärin arbeiten?»

«Woher weißt du, was...?»

«Die Übermutter. Mrs. Madrigal.»

Mary Ann konnte ihren Ärger nicht verbergen. «Sie bringt die Neuigkeiten ganz schön schnell unter die Leute, was?»

«Sie mag dich.»

«Hat sie dir das gesagt?»

Mona nickte. «Magst du sie nicht?»

«Na… ja… ich meine, ich kenn sie noch nicht lang genug, um…»
«Sie glaubt, daß du sie abgedreht findest.»
«Na großartig. Die Psychokiste wird gleich mitgeliefert.»
«*Findest* du sie denn abgedreht?»
«Mona, ich… Ja, ich glaube schon», sagte sie lächelnd. «Vielleicht liegt es ja an mir. Bei uns in Cleveland gibt es keine solchen Leute.»
«Wie schade für Cleveland.»
«Ja, vielleicht.»
«Sie will dich in die Familie aufnehmen, Mary Ann. Versuch's doch mal. Okay?»
Monas gönnerhafte Art ärgerte Mary Ann. «Ich hab damit keine Probleme.»
«Nein. Noch nicht.»
Mary Ann nippte schweigend weiter an dem höchst merkwürdig schmeckenden Tee.

Die beste Nachricht kam ein paar Minuten später. Mona arbeitete als Werbetexterin für Halcyon Communications, eine angesehene Werbeagentur am Jackson Square.
Edgar Halcyon, der Chef, brauchte Ersatz für seine Privatsekretärin, die «ihm schwanger geworden» war.

Mona arrangierte ein Vorstellungsgespräch für Mary Ann.

«Sie haben doch nicht vor, wieder nach Cleveland abzuhauen, oder?»

«Sir?»

«Bleiben Sie auf Dauer hier?»

«Ja, Sir. Ich liebe San Francisco.»

«Das sagen alle.»

«In meinem Fall ist es zufällig die Wahrheit.»

Halcyons buschige weiße Augenbrauen zuckten nach oben. «Sind Sie zu Ihren Eltern auch so frech, junge Frau?»

Mary Ann blieb ungerührt. «Was glauben Sie, warum ich nicht nach Cleveland zurückkann?»

Es war gewagt, aber es funktionierte. Halcyon warf den Kopf zurück und lachte schallend. «Okay», sagte er, um Fassung ringend. «Das war's.»

«Sir?»

«Das ist das letzte Mal, daß Sie mich so lachen sehen. Ruhen Sie sich ein bißchen aus. Ab morgen arbeiten Sie für den schrecklichsten Kerl, den diese Stadt zu bieten hat.»

Mrs. Madrigal jätete im Garten Unkraut, als Mary Ann in die Barbary Lane zurückkam.

«Du hast den Job, nicht?»

Mary Ann nickte. «Hat Mona angerufen?»

«Nein. Ich wußte einfach, daß es klappt. Du kriegst immer, was du willst.» Mary Ann zuckte lächelnd mit den Schultern. «Ja, ich glaube schon.»

«Wir beide haben viel gemeinsam, Liebes... Ob dir das bewußt ist oder nicht.»

Mary Ann ging auf die Haustür zu, blieb dann stehen und drehte sich um. «Mrs. Madrigal?»

«Ja?»

«Ich... Vielen Dank für den Joint.»

«Gern geschehen, Liebes. Ich denke, du wirst Beatrice mögen.»

«Es war nett von Ihnen, daß Sie...»

Die Hausherrin schickte sie mit einem Wink fort. «Geh und sag deine Gebete auf oder so. Du stehst jetzt im Berufsleben.»

## *Werbespielchen*

Halcyon Communications war in einer früheren Inkarnation eine Lebensmittelgroßhandlung gewesen. Jetzt strahlten einem von den dezenten Ziegelwänden Supergraphics und Mietkunst entgegen. Würdige Damen, die am Jackson Square nach Louis-quinze-Schnäppchen suchten, verwechselten die Sekretärinnen des Hauses häufig mit exquisiten Mannequins.

Mary Ann gefiel das.

Was ihr nicht besonders gefiel, war ihr Job.

«Ist die Fahne draußen, Mary Ann?»

Das war am Morgen Halcyons erste Frage. An jedem Morgen.

«Ja, Sir.» Mit jeder Sekunde fühlte sie sich weniger wie Lauren Hutton. Wer würde von Lauren Hutton verlangen, schon vor neun Uhr morgens die amerikanische Flagge aufzuziehen?

«Haben wir keinen Kaffee mehr?»

«Ich habe ihn im Konferenzraum bereitgestellt.»

«Was ist das denn wieder für eine komische... O Gott!... Adorable ist da?»

Mary Ann nickte. «Konferenz um neun.»
«Verdammt! Sagen sie Beauchamp, er soll seinen Hintern hierherbewegen. Aber dalli.»
«Ich hab's schon bei ihm versucht, Sir. Er ist noch nicht im Haus.»
«O Gott!»
«Ich könnte es bei Mildred versuchen, wenn Sie möchten. Manchmal trinkt er unten in der Produktion Kaffee.»
«Ja, los.»
Mary Ann rief an und kam sich dabei vor wie eine Fünftkläßlerin, die einen Mitschüler verpetzt hatte. Sie *mochte* Beauchamp Day; trotz seiner Verantwortungslosigkeit. Vielleicht mochte sie ihn sogar *wegen* seiner Verantwortungslosigkeit.
Beauchamp war Edgar Halcyons Schwiegersohn, der Ehemann von DeDe Halcyon, deren Debütantinnenball auch schon eine ziemliche Weile zurücklag. Nach seinem Studium in Groton und Stanford war der hübsche junge Bostoner 1971 als Trainee zur Bank of America nach San Francisco gekommen und natürlich wie geschaffen gewesen für den eleganten Junggesellenclub The Bachelors.
Den Klatschspalten zufolge hatte er seine

spätere Frau 1973 beim Spinsters Ball kennengelernt. Binnen Monatsfrist genoß er die Freuden von Poolparties in Atherton, Brunches auf Belvedere Island und Skiausflügen nach Tahoe.

Die Balz zwischen DeDe und Beauchamp verlief rasant. Die beiden heirateten im Juni 1973 auf den sonnenbeschienenen Hängen von Halcyon Hill, dem Sitz der Brautfamilie in Hillsborough. Die Braut hatte darauf bestanden, barfuß zu heiraten. Sie trug ein Folklorekleid von Adolfo, geordert bei Saks Fifth Avenue. Ihre Mitbewohnerin in Bennington und Brautjungfer, Muffy van Wyck, trug ausgewählte Verse von Kahlil Gibran vor, zu denen ein Streichquartett das Thema aus *Elvira Madigan* spielte.

Nach der Hochzeit erklärte die Brautmutter, Frannie Halcyon, gegenüber Reportern: «Wir sind so stolz auf DeDe. Sie war immer eine *ganz besondere* Individualistin.»

Beauchamp und DeDe zogen in ein elegantes Art-déco-Penthouse auf dem Telegraph Hill. Sie waren generöse Gastgeber, und man traf sie häufig bei wohltätigen Ausschweifungen... anscheinend gingen alle Leute zu so was, bloß nicht Mary Ann Singleton.

Mary Ann hatte während eines Softballmatchs mit einer befreundeten Agentur (Halcyon gegen Hoefer, Dieterich & Brown) einmal kurz mit DeDe geplaudert. Mrs. Day wirkte auf die Sekretärin ganz und gar nicht versnobt, doch Mona fand, daß eine Dina-Merrill-Frisur bei einer Sechsundzwanzigjährigen *lächerlich* aussah.
Beauchamp jedoch hatte an jenem Nachmittag wunderbar ausgesehen und die Wurfzone des Pitchers in einen Miniolymp verwandelt.
Blaue Augen, schwarze Haare und glänzende braune Arme, die sich von einem leicht verwaschenen grünen Lacoste-Hemd abhoben...

Mary Ann hatte richtig getippt. Beauchamp trank in der Produktion Kaffee.
«Seine Majestät verlangen nach Eurer Anwesenheit in den königlichen Gemächern.» Sie hatte keine Bedenken, Beauchamp gegenüber solche Respektlosigkeiten zu gebrauchen. Sie war überzeugt, daß sie es mit einem Gleichgesinnten zu tun hatte.
«Bestellen Sie ihm, der prinzliche Kretin sei auf dem Weg.»

Sekunden später stand Beauchamp neben ihrem Schreibtisch und zeigte sein selbstbewußtes Jünglingslächeln. «Lassen Sie mich raten. Ich habe Mist gebaut bei der Abrechnung für Adorable, stimmt's?»
«Noch nicht. Um neun ist eine Konferenz angesetzt. Er war nervös, das ist alles.»
«Er ist immer nervös. Außerdem habe ich den Termin nicht vergessen.»
«Das war mir klar.»
«Sie halten mich doch für einen fähigen Kerl, nicht?»
«Als Etatdirektor?»
«Als Ganzes?»
«Das ist unfair. Wollen Sie ein Dynamint?»
Beauchamp schüttelte den Kopf und lümmelte sich in einen der Barcelona-Sessel. «Ist er nicht ein richtiger Arsch?»
«Beauchamp...»
«Wie steht's morgen mit dem Mittagessen?»
«Ich glaube, da ist er schon belegt.»
«Nicht er. Sie. Wird er Sie für eine Stunde aus Ihrem Käfig lassen?»
«Oh... Ja, sicher. Machen wir's auf die deutsche Art?»

«Nein, ich lade sie ein.»
Mary Ann kicherte, zuckte dann allerdings zusammen, als Halcyon sich über die Gegensprechanlage meldete. «Ich will ihn jetzt sehen», sagte ihr Chef.
Beauchamp stand auf und zwinkerte Mary Ann zu. «Na ja, von Wollen kann bei mir keine Rede sein.»

## *Edgar geht in die Luft*

Edgar musterte seinen Schwiegersohn. Er fragte sich, wie ein so adretter, beredter und im großen und ganzen *vorzeigbarer* Mensch eine so furchtbare Nervensäge sein konnte.
«Ich denke, du weißt, worum es geht.»
Beauchamp beugte sich vor und schnippte ein Stäubchen von seinen Gucci-Schuhen. «Ja, um den Spruch für die Strumpfhosen. Ich finde, daß die Zweihundertjahrfeier da drin nichts zu suchen hat.»
«Ich spreche von DeDe, und das weißt du auch!»
«Wenn du meinst.»

Edgars Augen wurden zu schmalen Schlitzen. Seine Faust schloß sich um den Hals einer Lockente aus Mahagoni, die Frannie ihm bei Abercrombie's gekauft hatte. «Wo warst du letzte Nacht, Beauchamp?»
Schweigen.
«Mir macht das wahrlich keinen Spaß, mein Lieber. Und es gefällt mir ganz und gar nicht, daß meine eigene Tochter mich letzte Nacht angerufen und sich fast die Augen ausgeweint hat vor...»
«Ehrlich gesagt verstehe ich nicht, was dich das...»
«Verdammt noch mal! Frannie hat geschlagene zwei Stunden mit DeDe telefoniert und versucht, sie zu beruhigen. Wann bist du gestern nacht nach Hause gekommen?»
«Warum fragst du nicht DeDe? Ich bin sicher, sie hat's ins Logbuch eingetragen!»
Edgar drehte sich in seinem Sessel nach hinten zur Wand. Er studierte eine Jagdszene und versuchte, sich zu beruhigen. Er sprach leise und bedächtig, weil er wußte, daß in einem solchen Ton die größte Drohung lag.
«Noch einmal, Beauchamp. Wo warst du?»

Die Antwort galt seinem Hinterkopf. «Ich hatte eine Ausschußsitzung im Club.»
«In welchem Club?»
«Im University Club. Nicht so was *ganz* Exquisites wie der PU-Club, aber Nob Hill ist es alle...»
«Warst du dort bis Mitternacht?»
«Wir haben anschließend noch was getrunken.»
«Wir? Du und irgendein Flittchen aus dem Ruffles?»
«Du meinst das Ripples. Und ich habe auch kein... wie heißt dieses drollige Wort?... aufgegabelt. Ich war im Club. Frag Peter Cipriani. Er war auch dort.»
«Ich bin doch kein Detektiv.»
«Das wäre mir nicht aufgefallen. Ist das jetzt alles?»
Edgar massierte sich mit den Fingerspitzen die Stirn. Er drehte sich nicht um. «Wir haben eine Konferenz.»
«Ganz recht», sagte Beauchamp im Hinausgehen.

Punkt zwölf machte sich Mary Ann mit Mona auf den Weg ins Royal Exchange.
«Scheiße», stöhnte die Werbetexterin über

einem Pimm's Cup. «Ich *bin* vielleicht überdreht heute.»

Das ist keine Überraschung, dachte Mary Ann. Mona wurde fürs Überdrehtsein *bezahlt*. Sie war der hauseigene Paradiesvogel von Halcyon Communications. Kunden, die ihre Kreativität nicht vom Fleck weg beeindruckend fanden, änderten ihre Einschätzung, sobald sie ihr Büro sahen: eine Kollektion von Wasserpfeifen, eine Kühlbox aus Eiche, die als Bar diente, ein antiker Rollstuhl, eine Collage mit Muskelprotzen aus dem *Playgirl* und ein neonfarbenes Martiniglas aus einer Bar im Tenderloin.

«Was ist los?» fragte Mary Ann.

«Ich hab gestern abend Meskalin genommen.»

«Ach ja?»

«Wir waren unten an der Mission Street und sind dort durch diese schrecklich geschmacklosen Möbelgeschäfte gezogen, wo sie Lampenschirme mit Troddeln verkaufen und runde Betten und… puh!… diese Dinger mit den falschen Wasserfällen um Glasröhren herum. Es war alles so *künstlich*, aber… weißt du… das war so eine *kosmische* Künstlichkeit… und auf eine abgedrehte Art war es irgendwie, tja, spirituell. Du weißt schon.»

Mary Ann wußte *nicht*. Sie ging dem Thema aus dem Weg, indem sie ein Truthahnsandwich und einen Bohnensalat bestellte. Mona bestellte noch einen Pimm's Cup.

«Weißt du was?» sagte Mary Ann.

«Hm?»

«Ich bin heute abend bei Mrs. Madrigal zum Essen.»

«Gratuliere. Sie mag dich.»

«Das hast du mir schon mal gesagt.»

«Na ja... dann vertraut sie dir eben.»

«Warum? Ich weiß doch gar nichts von ihr.»

«Ach, nur so... ich meinte damit nichts...»

«Wie soll ich mich verhalten, Mona?»

«Wie, verhalten?»

«Ihr gegenüber. Ich weiß nicht recht... Ich habe das Gefühl, sie *erwartet* etwas von mir.»

«Bürgerliche Paranoia.»

«Ich weiß... Aber du kennst sie ziemlich gut, und da dachte ich, du könntest mich vielleicht aufklären über... na ja... über ihre Eigenarten.»

«Sie ist anständig. Das ist ihre Eigenart. Außerdem macht sie einen phantastischen Lammbraten.»

Mona hörte um vier auf zu arbeiten und machte bewußt einen Bogen um Mary Anns Büro, das in der Nähe des Aufzugs lag. Als sie nach Hause kam, stand Mrs. Madrigal im Garten.
Die Hausbesitzerin trug eine buntkarierte Stretchhose, einen farbverschmierten Arbeitskittel und einen Strohhut. Ihr Gesicht war vor Anstrengung gerötet. «Na... hast du dich schon früher aus dem Staub gemacht, meine Liebe?»
«Ja.»
«Ist dir zu deinen Strumpfhosen nichts mehr eingefallen?»
Mona lächelte. «Ich wollte Ihnen was sagen. Obwohl es eigentlich nichts richtig Ernstes ist.»
«Schön.»
«Mary Ann wollte etwas über Sie wissen.»
«Hast du ihr was gesagt?»
«Ich finde, das ist *Ihre* Angelegenheit.»
«Du hältst sie noch für zu grün, nicht?»
Mona nickte. «Im Moment schon, ja.»

«Wir essen später zusammen.»
«Das hat sie mir erzählt. Deshalb hab ich auch... Na ja, ich wollte nicht, daß Sie in Verlegenheit kommen, das ist alles.»
«Danke, Liebes.»
«Ich sollte mich besser um meinen eigenen Kram kümmern, was?»
«Nein. Ich weiß das zu schätzen. Möchtest du heute abend auch zum Essen kommen?»
«Nein, ich... Nein danke.»
«Ich hab dich ganz besonders gern, Liebes.»
«Danke, Mrs. Madrigal.»

## *Die Seelenqualen der Boheme*

Nach dem Büro schüttete Edgar im Bohemian Club einen doppelten Scotch in sich hinein.
Die Regularien eines wohlgeordneten Lebens nützten nichts, wenn andere sie nicht akzeptierten. Beauchamp war nur einer von vielen.
Im Cartoon Room herrschte Hochbetrieb.

Edgar saß allein im Domino Room, denn er wollte es ruhig haben. Die große Angst hatte sich wieder eingestellt.
Er stand auf und ging zum Telefon. Der Hörer wurde in seiner Hand fast glitschig.
Das Hausmädchen meldete sich.
«Halcyon Hill.»
«Emma... ist Mrs. Halcyon zu sprechen?»
«Einen Augenblick, Mr. Halcyon.»
Frannie hatte den Mund voll. «Mmmpf... mein Schatz... die Käseschwäne, die ich von Cyrils Party mitgenommen habe, sind ein *Gedicht!* Und Emma hat ein göttliches *Blanquette de veau* gezaubert! Wann kommst du nach Hause?»
«Ich muß heute abend passen, Frannie.»
«Edgar! Doch nicht schon wieder diese elenden Strumpfhosen?»
«Nein. Ich bin im Club. Wir haben... eine Ausschußsitzung.»
Schweigen.
«Frannie?»
«Was?» Sie war frostig.
«Ich muß das tun. Und das weißt du.»
«Man tut, was man tun *will*, Edgar.»
Ihm schoß das Blut ins Gesicht. «Also gut,

dann eben so! Ich *will* bei dieser Sitzung dabeisein! Bist du jetzt glücklich?»
Frannie legte auf.
Er stand mit dem Hörer in der Hand da, legte dann auf und wischte sich mit einem Taschentuch über das Gesicht. Nachdem er mehrmals tief durchgeatmet hatte, griff er nach dem Telefonbuch und suchte Ruby Millers Nummer heraus.
Er wählte.
«Abend. Hier ist Ruby.» Sie klang noch großmütterlicher als sonst.
«Edgar Halcyon, Mrs. Miller.»
«Oh... Wie schön, Ihre Stimme zu hören. Meine Güte, es ist ja schon so lange her.»
«Ja... wissen Sie... die Geschäfte.»
«Ja, ja. Immer beschäftigt, immer beschäftigt.»
In seinen Augenbrauen stand erneut der Schweiß. «Kann ich heute abend zu Ihnen kommen, Mrs. Miller? Ich weiß, es ist etwas kurzfristig.»
«Ach... Warten Sie mal eben, Mr. Halcyon. Ich seh in meinem Kalender nach.» Sie legte den Hörer beiseite. Edgar konnte hören, wie sie herumkramte. «Geht in Ordnung», sagte sie schließlich. «Paßt es Ihnen um acht?»

«Vielen herzlichen Dank.»
«Aber ich bitte Sie, Mr. Halcyon.»

Er fühlte sich jetzt entschieden besser. Ruby Miller bedeutete für ihn Hoffnung, wie vage auch immer. Er beschloß, an der Bar im Cartoon Room etwas zu trinken.

«Edgar, du alter Schwerenöter, warum bist du nicht zu Hause am Rosenstutzen?»

Es war Roger Manigault, einer der Bosse von Pacific Excelsior. Die Tennisplätze der Manigaults grenzten an den Obstgarten der Halcyons in Hillsborough.

Edgar lächelte. «*Du* solltest auch schon längst im Bett sein, Booter.» Der Spitzname war ein Überbleibsel aus Stanford-Zeiten, als Manigault die höheren Weihen des Footballspiels empfangen hatte. Seitdem hatte er an nichts mehr Gefallen gefunden.

Im Augenblick erregte er sich darüber, daß die Indianerfigur auf dem Campus von Stanford an die Indianer zurückgegeben werden sollte.

«Heutzutage sind alle so schrecklich *sensibel*! Indianer sind keine Indianer mehr… o nein! Sie sind amerikanische Ureinwohner. Ich habe zehn Jahre gebraucht, bis ich ‹Neger› richtig sagen konnte, und jetzt haben sie sich in Schwarze verwandelt. Herrgott noch mal, ich weiß nicht mal mehr, wie ich unser *Mädchen* nennen soll!»

Edgar trank einen Schluck und nickte. Er hatte das alles schon mal gehört.

«Nimm doch bloß mal das Wort ‹gay›, Edgar. Das war immer ein ganz normales Wort, das man für etwas Natürliches und *Vergnügliches* benutzt hat, Herrgott noch mal! Und jetzt! Was ist es jetzt?!» Er putzte seinen Scotch weg und knallte das Glas auf den Tresen. «Ein anständiges junges Paar muß sich ja schon fast schämen, wenn es erzählt, daß es bei den ‹Gaieties› mitgemacht hat! Früher war das mal ein schönes Sommervergnügen, aber heutzutage denkt doch jeder gleich, daß sie bei dieser Schwuchteln- und Lesbierinnenparade mitmarschiert sind!»

«Genau getroffen», sagte Edgar.

«Aber wirklich! Übrigens, wo wir gerade davon reden... Roger und Suzie haben erzählt, daß ihnen Beauchamp und DeDe über den Weg gelaufen sind, als sie letztens ausgegangen sind. Beauchamp ist ein verdammt guter Tänzer, sagt Suzie... Ich glaube, Hustle heißt das, wo man so aneinanderbumst.»

Bumsen trifft den Nagel wahrscheinlich auf den Kopf, dachte Edgar. Er hatte sich schon öfter über Beauchamp und Suzie Gedanken gemacht. «Entschuldige mich jetzt, Booter. Ich habe Frannie versprochen, heute abend früh nach Hause zu kommen.»
Gemessen an den Lügen, die sie ihm abverlangte, hätte Ruby Miller genausogut Edgars Geliebte sein können.

Ein Stück weiter den Hügel hinauf suchte Beauchamp im University Club Trost bei Peter Cipriani, dem Erben eines sagenhaften, auf Blumen gründenden Vermögens.
«Ich glaube, ich entwickle langsam eine Paranoia.»
«Wieder der Alte?»
«Ja. Er hat mir wegen DeDe die Daumenschrauben angelegt.»
«Hat er dich in Verdacht?»
«Aber wie.»
«Und wie denkt DeDe darüber?»
«Meinst du, sie weiß, was denken heißt?»
«Sie ist ein bißchen begriffsstutzig, *aber* sie finanziert deine Leidenschaft für Wilkes-Bashford-Klamotten... Und sie hat eine tolle Kiste.»

Beauchamp runzelte die Stirn.
«Ich meinte ihr *Auto*, Beauchamp.»
«Sehr lustig.»
«Das dachte ich auch.»
«Ich bin nicht hier, um über meine Frau zu reden, Peter.»
«Hmm... das ist komisch. Alle anderen sind bloß deswegen da.»
Schweigen.
«Tut mir leid. Das war billig. Willst du was hören über den Bachelors Ball?»
«Sehe ich so aus?»
«Jedenfalls haben wir dich vermißt. Das heißt, wir haben deine weiße Navy-Uniform vermißt. Die hat immer genau den richtigen Akzent geliefert. Wie in der Operette.»
«Danke.»
«Unser Pflaumenprinz hatte dieses Jahr den Frack seines Großonkels an.»
«John Stonecypher?»
«Exakt. Und jetzt halt dich fest. Ihm ist doch tatsächlich eine Flasche Poppers in der Brusttasche aufgegangen.»
«O nein!»
«*Während* er mit Madge getanzt hat!»
«Wie hat sie reagiert?»
«Oh... sie ist weiter über das Tanzparkett

gewirbelt wie eine Debütantin beim Kotillon und hat so getan, als würden alle ihre Tanzpartner nach schmutzigen alten Socken riechen... Du gehst doch heute zu ihrem großen Fest, oder?»
«Scheiße!»
«Vergessen, was?»
«DeDe macht sich vor Aufregung bestimmt schon in die Hosen!» Er kippte seinen Drink hinunter. «Ich bin schon weg.»
«Ja, vom Fenster», sagte Peter.

## *DeDes Tag des Zorns*

DeDe saß an ihrem Louis-quinze-*escritoire* und kritzelte in ihrem Louis-Vuitton-Scheckbuch.
«Du hast Madges Party vergessen, nicht?»
«Ich bin gefahren wie eine gesengte Sau.»
«In einer halben Stunde geht's los.»
«Dann kommen wir eben zu spät. Zieh deine Krallen wieder ein. Dein Alter hat mich heute schon den ganzen Tag angemacht.»
«Hast du die Präsentation für Adorable übernommen?»

«Nein. Dein Vater.»
«Warum?»
«Warum erklärst *du* das nicht *mir*?»
«Ich weiß gar nicht, wovon du redest.»
«Er war sauer, DeDe. Stinksauer.»
Schweigen.
«Du weißt natürlich, warum.»
DeDe blickte in ihr Scheckbuch.
Beauchamp ließ nicht locker. «Er war sauer, weil seine über alles geliebte Tochter ihn gestern nacht angerufen und ihm gesagt hat, daß ich ein Scheißkerl bin.»
«Ich habe überhaupt nichts...»
«Blödsinn!»
«Ich hab mir Sorgen gemacht, Beauchamp. Es war schon nach Mitternacht. Ich hab im Club angerufen, im Sam's und im Jack's. Ich... bin fast verrückt geworden vor Angst. Und da habe ich gedacht, daß Daddy vielleicht weiß, wo du bist.»
«Natürlich. Der kleine Beauchamp macht auch nicht *einen* Schritt, ohne daß er sich mit dem Vater aller Väter bespricht!»
«Rede nicht so über Daddy.»
«Ach... scheiß auf deinen Dad! Ich brauche von ihm keine Erlaubnis zum Luftholen. Ich brauche ihn überhaupt nicht!»

«Ach ja? Das würde Daddy sicher auch gerne hören.»
Schweigen.
«Warum rufen wir ihn nicht an und sagen es ihm?»
«DeDe…»
«Du oder ich?»
«DeDe… es tut mir leid. Ich bin müde. Heute war wirklich den ganzen Tag der Wurm drin.»
«Kommt drauf an, in wem.» Sie stellte sich vor den Spiegel in der Diele und kontrollierte ein letztes Mal ihr Make-up. «Wie geht's dem kleinen Fräulein Wieheißtsienoch?»
«Wem?»
«Daddys Sekretärin. Deinem kleinen… Feierabendamüsement.»
«Das meinst du doch nicht ernst!»
«Und ob ich das ernst meine.»
«Mary Ann Singleton?»
«Was, so heißt sie? Wie drollig.»
«Herrgott noch mal! Ich kenne sie kaum.»
«Offensichtlich hat dich das nicht abgehalten.»
«Sie ist die Sekretärin deines Vaters!»
«Und sie ist nicht gerade eine Beleidigung fürs Auge.»

«Dafür kann ich doch nichts, oder?»

DeDe schürzte die Lippen, um den überschüssigen Lippenstift abzutupfen. Sie sah ihren Ehemann an. «Jetzt hör mir mal zu... Mir reicht's! Gestern warst du absolut unauffindbar.»

«Ich hab es dir doch erklärt. Ich war im Club.»

«Ach, *quelle coincidence!* Du warst im Club, als du mich letzten Mittwoch zu dem Empfang im de Young versetzt hast, *und* du warst letzten Freitag im Club, als wir die Party der Telfairs bei *Beach Blanket Babylon* versäumt haben.»

«Wir haben es schon fünfmal gesehen.»

«Darum geht es doch nicht.»

Beauchamp lachte zynisch. «Du schlägst wirklich alle Rekorde. Du bist einfach... Wo, in Gottes Namen, hast du *das* denn wieder her?»

«Ich habe Augen im Kopf, Beauchamp.»

«Wo? Wann?»

«Letzte Woche. Als ich mit Binky in der Remise du Soleil einkaufen war.»

«Du machst vielleicht schicke Sachen.»

«Du bist mit ihr über die Straße gegangen.»

«Mit Mary Ann?»
«Ja.»
«Das *ist* in der Tat belastend.»
«Es war um die Mittagszeit, und ihr habt *sehr* vertraut getan.»
«Das Beste hast du allerdings versäumt. Du hättest sehen sollen, wie ich vorher in dem kleinen Redwoodhain hinter der Transamerica Pyramid über sie hergefallen bin.»
«Diesmal kannst du dich nicht mit lockeren Sprüchen rausreden, Beauchamp.»
«Ich werd's gar nicht erst versuchen.» Er schnappte sich die Schlüssel für den Porsche vom Dielentisch. «Das hab ich bei dir schon längst aufgegeben.»
«Was du nicht sagst», antwortete DeDe, während sie ihm zur Tür hinaus folgte.

## *Das Abendessen bei der Vermieterin*

Mary Ann schaute auf dem Weg zum Abendessen mit Mrs. Madrigal bei Mona rein.
«Willst du ein bißchen relaxen?» fragte Mona.
«Kommt drauf an.»

«Coca?»
«Ich bin auf Diät. Hast du auch Mineralwasser?»
«Ich *faß* es nicht.» Mona legte einen Handspiegel auf den Kabeltrommeltisch. «Selbst *du* müßtest doch schon mal *Porgy and Bess* gesehen haben.»
«Ja, und?» Mary Ann versagte die Stimme. Mona schaufelte mit einem kleinen Silberlöffel weißes Pulver aus einem Glasfläschchen. In den Löffelgriff war ein Ökologiesymbol eingraviert.
«Sporting Life», sagte Mona. «Happy Dust. Das Zeug gehört in Amerika einfach dazu.» Sie schob das Pulver zu einer Linie quer über den Spiegel zusammen. «Alle Stummfilmstars haben geschnupft. Was meinst du, warum sie so dahergekommen sind?» Sie wackelte mit Kopf und Armen und äffte Charlie Chaplin nach.
«Und jetzt», fuhr sie fort, «fehlt uns bloß noch ein hundsordinärer, universal einsetzbarer Essensgutschein.» Wie aus dem Nichts hatte sie plötzlich einen Zehn-Dollar-Essensgutschein in der Hand, den sie Mary Ann wie ein Zauberer zur Prüfung von beiden Seiten präsentierte.

«Bekommst du Essensgutscheine?» fragte Mary Ann. Sie verdient bestimmt viermal soviel wie ich, dachte die Sekretärin.
Mona war zu beschäftigt, um darauf eine Antwort zu geben. Sie rollte den Essensgutschein zu einem kleinen Röhrchen und steckte dieses in ihr linkes Nasenloch. «Erstaunlich, was? Und uuuunheimlich sexy!»
Sie fuhr dem Pulver hinterher wie ein wildgewordener Ameisenbär. Mary Ann war entsetzt. «Mona, ist das...?»
«Jetzt du.»
«Nein danke.»
«Ach... komm schon. Wenn man unter Leute will, wirkt es wahre Wunder.»
«Ich bin schon nervös genug.»
«Es macht einen doch nicht *nervös*, Herzchen. Es...» Mary Ann stand auf. «Ich muß gehen, Mona. Ich bin spät dran.»
«O Gott!»
«Was?»
«Bei dir komm ich mir ja vor, als wär ich... ein Junkie.»

Mrs. Madrigal wirkte in dem schwarzen Hausanzug aus Satin und der darauf abge-

stimmten Kopfbedeckung beinahe elegant.
«Ah, Mary Ann. Ich hab gerade das Gazpacho im Mixer. Bedien dich doch schon mal bei den hors d'œuvres. Ich leiste dir dann gleich Gesellschaft.»
Die «hors d'œuvres» waren auf zwei Tellern symmetrisch arrangiert. Auf dem einen lagen mehrere Dutzend gefüllter Pilze. Auf dem anderen ein halbes Dutzend Joints.
Mary Ann entschied sich für einen Pilz und sah sich in der Wohnung um.
Zwei ziemlich plump gemachte Marmorstatuen flankierten den Kamin: ein Junge mit einem Dorn im Fuß und eine Frau mit einem Krug. Überall baumelten Seidenfransen – von Lampenschirmen, Überwürfen, Vorhängen und Volants, und sogar von dem Türbogen, durch den es auf den Flur hinausging. Das einzige Foto zeigte die Panama-Pacific-Ausstellung von 1915.
«Na, wie findest du mein kleines Bordell?» Mrs. Madrigal stand in dramatischer Pose unter dem Türbogen.
«Es ist... recht hübsch.»
«Mach dich nicht lächerlich! Es ist die reinste Entartung!»

Mary Ann lachte. «Sie *wollten* es so haben?»

«Natürlich. Nimm dir doch einen Joint, Liebes, und komm *ja nicht* auf die Idee, ihn rumzureichen. Ich *ekle* mich vor diesen durchgeweichten Gemeinschaftsjoints! Ich meine ... wenn man sich schon der Entartung hingibt, dann kann man das auch mit Stil machen, findest du nicht?»

Es gab noch zwei weitere Gäste. Der eine war ein etwa fünfzigjähriger rotbärtiger Dichter aus North Beach, der Joaquin Schwartz hieß. («Ein netter Kerl», vertraute Mrs. Madrigal Mary Ann an, «aber ich wäre *dankbar*, wenn er sich an die Groß- und Kleinschreibung halten würde.») Der andere Gast war eine Frau namens Laurel, die in der Haight-Ashbury Free Clinic arbeitete. Ihre Achselhöhlen waren nicht rasiert.

Joaquin und Laurel unterhielten sich während des ganzen Essens über ihre Lieblingsjahre. Joaquin schwor auf 1957. Laurel fand, daß 1967 das einzig Wahre war ... oder *gewesen* war.

«Wir hätten so weitermachen können», sagte sie. «Ich meine, es lief doch ganz prima, oder? Wir hatten damals alle *alles* gemeinsam... das Acid, die Musik, den Sex, die Konzerte im Avalon, den Hund, das menschliche Sein an sich. Wir waren vierzehn Freaks in dieser Wohnung an der Oak Street; vierzehn Freaks und sechs Schlafsäcke. Es war verdammt schön, weil es... weil es Geschichte war. *Wir* waren Geschichte. Mensch, wir haben es bis aufs Titelbild vom *Time Magazine* geschafft!»

Mrs. Madrigal zeigte sich höflich. «Und was ist deiner Meinung nach passiert, Liebes?»

«Sie haben es abgemurkst. Nicht die Bullen. Die Medien.»

«Was haben sie abgemurkst?»

«Neunzehnhundertsiebenundsechzig.»

«Ich verstehe.»

«Nixon, Watergate, die verfluchte Patty Hearst, die Zweihundertjahrfeier. Den Medien wurde 1967 über, und deswegen haben sie's einfach fertiggemacht. Dabei hätte es noch einige Zeit weitergehen können. Ein bißchen was davon hat sich nach Mendocino gerettet... aber das haben die Medien rausgefunden, und dann haben sie's endgültig abgemurkst. Mein Gott... Ich meine, was ist denn heute noch übrig? Das Feeling von 1967 findest du nirgends mehr!»

Mrs. Madrigal zwinkerte Mary Ann zu. «Du bist ja so still.»

«Ich weiß nicht recht, ob ich...»

«Was ist *dein* Lieblingsjahr?»

«Ich glaube, ich habe gar keines.»

«Meines ist 1987», sagte Mrs. Madrigal. «Dann bin ich fünfundsechzig oder so um den Dreh... Dann kann ich mir meine Rente abholen und genug Geld zur Seite legen, um mir eine kleine griechische Insel zu kaufen.» Sie ringelte sich eine Locke ihres Haars um den Zeigefinger und lächelte sanft. «Das heißt, ich würde mich auch mit einem kleinen Griechen zufriedengeben.»

Als Mary Ann nach dem Essen zur Toilette ging, sah sie sich unterwegs im Schlafzimmer ihrer Vermieterin um. Auf der Frisierkommode entdeckte sie eine Fotografie in einem Silberrahmen.

Ein junger Mann, ein Soldat, stand neben einem Auto aus den vierziger Jahren. Er war ziemlich hübsch, doch er schien sich in seiner Uniform nicht so recht wohl zu fühlen.

«Daran siehst du, daß die alte Dame eine

Vergangenheit hat.» Mrs. Madrigal stand in der Tür.
«Oh... ich bin zu neugierig, nicht?»
Mrs. Madrigal lächelte. «Ich hoffe, das bedeutet, daß wir Freundinnen sind.»
«Ich...» Mary Ann wandte sich aus Verlegenheit wieder der Fotografie zu. «Ein gutaussehender Mann. Ist das Mr. Madrigal?»
Die Vermieterin schüttelte den Kopf. «Es gab nie einen Mr. Madrigal.»
«Ich verstehe.»
«Das stimmt nicht. Wie solltest du auch? Madrigal ist ein... Deckname heißt es in Gangsterfilmen doch immer. Vor mehr als zehn Jahren habe ich reinen Tisch gemacht, und der alte Name mußte als erstes dran glauben.»
«Wie hießen Sie früher?»
«Sei nicht ungezogen. Wenn ich gewollt hätte, daß du das erfährst, hätte ich den Namen ja nicht abgelegt.»
«Aber...?»
«Was es mit dem Mrs. auf sich hat?»
«Ja.»
«Witwen und Geschiedene werden nicht... wie sagt Mona immer?... angemacht. Wir

werden nicht so oft angemacht wie alleinstehende Mädchen. Das muß dir doch inzwischen auch schon klargeworden sein.»

«Wer wird hier angemacht? Ich habe noch nicht mal einen obszönen Anruf gekriegt, seit ich nach San Francisco gezogen bin. Ehrlich gesagt, täte mir ein bißchen Anmache sogar ganz gut.»

«Die Stadt ist doch voller reizender junger Männer.»

«Ja, aber die sind bloß zueinander reizend.»

Mrs. Madrigal kicherte. «Stimmt, da läuft hier so einiges.»

«Bei Ihnen hört sich das an, als ginge es um die Grippe. Ich finde es schrecklich deprimierend.»

«Unsinn. Nimm es als Herausforderung. Wenn eine Frau in dieser Stadt triumphiert, dann ist ihr Triumph *total*. Du wirst es schon schaffen, meine Liebe. Das dauert eben seine Zeit.»

«Ja, meinen Sie?»

«Ich *weiß* es.» Die Vermieterin zwinkerte und legte Mary Ann den Arm um die Schulter. «Komm, gehen wir jetzt wieder zu diesen *Langweilern* rüber.»

Ruby Millers Haus lag an der Ortega Street im Sunset District. Es war ein Bungalow mit grün gestrichener Putzfassade auf manikürtem Rasen und einer Schale mit Plastikrosen im Panoramafenster. Ein in der Einfahrt abgestellter Rambler trug einen Aufkleber mit der Aufforderung: WENN DU JESUS LIEBST, DANN HUPE.

Edgar parkte den Mercedes auf der anderen Straßenseite. Als er die Tür abschloß, sah er, daß Mrs. Miller ihm vom Fenster aus zuwinkte.

Er winkte ebenfalls. O Gott! Er fühlte sich wie ein Schuhvertreter, der zu Frauchen nach Hause kam.

Mrs. Miller schaltete das Licht auf der Veranda ein, nahm ihre Schürze ab und strich sich eine Strähne ihrer grauen Haare aus der Stirn. «Sie sind wirklich eine Augenweide! Was man von mir allerdings nicht behaupten kann... Ich hatte ja nicht vor...»

«Entschuldigen Sie. Ich hoffe, ich mache Ihnen nicht zu viele Umstände.»

«Reden Sie keinen Unsinn. Ich fühle mich geschmeichelt.» Sie tätschelte seine Hand und

führte ihn ins Haus. «Ernie... sieh mal, wer da ist!»
Ihr Ehemann saß in einem skandinavischen Sessel und sah fern. Seine Arme waren von der gleichen Konsistenz und Farbe wie Provolone-Käse.
«Hallo, Mr. Halcyon.» Er stand nicht auf. Die Glotze beanspruchte ihn völlig.
«Wie steht's denn so, Ernie?»
«Bob Parker hat gerade einen Marine mit seiner Liebsten zusammengebracht.»
«Tut mir leid, ich...»
«*Truth or Consequences*. Sie haben diesen Marine aus Okinawa geholt und ihn mit seiner Verlobten zusammengebracht. Sie hatte ein Froschkostüm an, und er hat sie küssen müssen... mit verbundenen Augen.»
Mrs. Miller hängte sich bei Edgar ein. «Ist das nicht reizend? Aber Sie sehen wohl nicht viel fern, was?»
«Nein. Ich fürchte nicht.»
«So, genug geplaudert jetzt. Machen wir uns an die Arbeit. Möchten Sie vorher noch irgendwas? Ein Glas Hi-C vielleicht? Oder ein paar Mais-Chips?»
«Danke, ich brauche nichts.» Aus lauter Nervosität hatte er im Club in letzter Minute

noch Hühnerleber in sich hineingeschlungen. «Von mir aus können wir jederzeit anfangen.»
«Na, dann wollen wir zwei beide mal rüber in die Garage. Und daß du mir den Fernseher nicht zu laut aufdrehst, Ernie, hast du gehört?» Ihr Mann antwortete mit einem Brummen.
Mrs. Miller führte Edgar durch die Küche. «Dieser Ernie und sein Fernsehen! Wahrscheinlich entspannt ihn das... Außerdem ist es sehr viel gottgefälliger als die Filme, die heutzutage im Kino laufen und wo man so... na, Sie wissen schon... lauter so unappetitliche Sachen sieht.»
«Mmm», antwortete Edgar unbestimmt. Er wollte höflich, aber desinteressiert klingen. Mrs. Miller entfesselte ihre Monologe mit der gleichen Zuverlässigkeit wie New Yorker Taxifahrer oder italienische Friseure. Edgar wollte seine Zeit bei Mrs. Miller nicht mit einem Vortrag über Schweinigeleien im Kino verschwenden.

Im Halbdunkel der Garage machte sich Ruby Miller ans Werk. Sie räumte erdverkrustete Gartengeräte von der Tischtennisplatte und nahm ein paar Kerzenstummel aus einer alten MJB-Kaffeedose. Leise vor sich hin summend, streifte sie das vertraute purpurrote Gewand aus Kordsamt über.

«Haben Sie irgendwelche Veränderungen bemerkt?»

«In der Garage?»

Mrs. Miller kicherte. «In *Ihnen*. Das ist heute Ihr fünfter Besuch. Sie sollten eigentlich... Veränderungen spüren.»

«Ich bin nicht sicher. Vielleicht habe ich...»

«Forcieren Sie nichts. Es kommt ganz von selbst.»

«Wenn ich Ihre Zuversicht bloß teilen könnte.»

«Meinen *Glauben*, Mr. Halcyon.»

«Ja.»

«Glaube ist etwas anderes als Zuversicht.»

Sie ärgerte ihn allmählich. «Mrs. Miller... meine Frau erwartet mich in Kürze zu Hause. Könnten wir...?»

«Natürlich.» Sie wurde ganz geschäftsmäßig. Sie streifte einige nicht vorhandene Flusen vom Vorderteil ihres Gewands und knetete kurz ihre Finger durch. «Nehmen Sie bitte die Stellung ein.»

Edgar lockerte seine Krawatte und kletterte auf die Tischtennisplatte. Er legte sich auf den Rücken. Mrs. Miller zündete eine Kerze an und stellte sie neben Edgars Kopf auf die Platte.

«Mr. Halcyon?»

«Ja?»

«Verzeihen Sie bitte, aber... na ja, ich habe mich gefragt, ob... Sie erwähnten vorhin Mrs. Halcyon. Und ich habe mich gefragt, ob Sie es ihr gesagt haben.»

«Nein.»

«Ich weiß, wie ungern Sie darüber sprechen, aber... manchmal hilft es, wenn jemand mitmacht, der einem sehr nahe steht und...»

«Meine Familie ist katholisch, Mrs. Miller.»

Sie war sichtlich erschüttert. «Oh... Das tut mir leid.»

«Ist schon in Ordnung.» Er wischte es mit einer Handbewegung beiseite.

«Ich wollte nicht sagen, daß es mir leid tut, daß Sie katholisch sind. Ich wollte sagen, daß...»

«Ich weiß, Mrs. Miller.»

«Der Herr liebt auch Katholiken.»

«Ja.»

Sie drückte ihre Fingerspitzen gegen Edgars Schläfen und machte kleine kreisende Bewegungen. «Jesus wird bei Ihrer Heilung helfen, Mr. Halcyon, aber Sie müssen an ihn glauben. Sie müssen wieder zu einem kleinen Kind werden und Zuflucht suchen in seinen Armen.»

Ein Motorrad brauste die Ortega Street entlang und knatterte blasphemisch, als Ruby Miller die Beschwörungsformel anstimmte, die Edgar inzwischen auswendig kannte: «Heile ihn, Jesus! Heile deinen Diener Edgar. Heile seine aussetzenden Nieren und lasse ihn wieder ganz werden. Heile ihn, Jesus! Heile deinen Diener...»

## *Der Junge von nebenan*

Mary Ann verabschiedete sich bei Mrs. Madrigal kurz nach zehn. In ihrer Wohnung legte sie die Beine hoch, nippte an einem Mineralwasser und ging ihre Post durch.

Die bestand aus einer kurzen, düsteren Mitteilung ihrer Mutter, einer bunten Hallmark-Karte von Connie, auf der sie ihr Desertion

unterstellte, und einem Schächtelchen, in dem ihre mit aufgedruckten Stadtansichten von San Francisco verschönerten Schecks von der Hibernia Bank lagen.
Als kleine Aufmerksamkeit für die Empfänger waren die Schecks mit dem Aufdruck «Genieß den Tag!» versehen.
Trotz ihres erbärmlichen Einkommens hatte Mary Ann die Wahl einer Bank irgendwie als Voraussetzung empfunden, um sich in dieser Stadt zu etablieren.
Anfangs hatte sie zwischen der Chartered Bank of London und der Wells Fargo Bank geschwankt. Erstere bot einen wunderbaren Namen voller Klasse und einen Kamin in der Eingangshalle, doch in der gesamten Stadt bloß eine einzige Niederlassung. Letztere hörte sich so hübsch nach Wildem Westen an und hatte unzählige Zweigstellen.
Doch sie mochte die Werbung nicht. Diesen Bilderbuchcowboy Dale Robertson hatte sie *noch nie* besonders attraktiv gefunden.
Schließlich hatte sie sich für die Hibernia entschieden.
Deren Werbung versprach, daß man alle Kunden mit Namen kannte.

Jemand klopfte an Mary Anns Tür.
Es war Brian Hawkins. Er hatte die Wohnung gegenüber. Er arbeitete als Kellner bei Perry's, und sie hatten bisher nur ein- oder zweimal kurz miteinander geplaudert. Brian hatte extrem unregelmäßige Arbeitszeiten.
«Hallo», sagte er. «Mrs. Madrigal hat mich gerade angerufen.»
«Ja, und?»
«Worum geht's denn? Um die Möbel?»
«Tut mir leid, Brian, aber ich komme nicht so ganz...»
«Sie hat gesagt, daß du bei irgendwas Hilfe brauchst.»
«Ich kann mir nicht vorstellen, was...» Es dämmerte. Mary Ann lachte. Sie schüttelte den Kopf und musterte wieder einmal Brians kastanienbraune Locken und seine grünen Augen. Mrs. Madrigal war zwar aufdringlich, aber ihr Geschmack war nicht übel.
Brian sah leicht verärgert aus. «Vielleicht hilfst du mir auch auf die Sprünge.»
«Ich glaube, Mrs. Madrigal betätigt sich als Kupplerin.»
«Du *brauchst* gar niemand, der dir beim Möbelrücken hilft?»
«Es ist etwas peinlich. Ich... na ja, ich

habe ihr gerade vorhin gesagt, daß es in San Francisco nicht genügend Heteromänner gibt.»

Brian strahlte plötzlich übers ganze Gesicht.

«Ja. Ist das nicht großartig?»

«Oh, Brian... Entschuldige. Ich dachte, du wärst...»

«Keine Bange. Ich bin hetero durch und durch. Ich steh nur *überhaupt nicht* auf Konkurrenz.»

Er lud sie zu einem Schlummertrunk bei sich ein. Seine winzige Küche war mit leeren Chiantiflaschen und Sierra-Club-Plakaten dekoriert. Die aus einem Topf auf dem Fensterbrett hängenden Überreste einer vernachlässigten Grünlilie boten einen grausigen Anblick.

«Dein Herd ist vielleicht toll», sagte Mary Ann.

«Ja, der ist wirklich eine Wucht, was? Überall sonst würde man ihn für Schrott erklären. Aber für unsereins verbreitet er was vom Charme der Alten Welt.»

«Gehört der zur Wohnung?»

«Willst du mich auf den Arm nehmen? Die Stereoanlage und die Trimmbank gehören

mir. Der Rest stammt von der Drachenlady.»
«Von Mrs. Madrigal?»
Er nickte und musterte sie von Kopf bis Fuß. «Sie will uns also verbandeln, was?» Sein Lächeln kam einem anzüglichen Grinsen immer näher.
Mary Ann beschloß, sich nicht darum zu kümmern. «Sie ist ein bißchen merkwürdig, aber ich glaube, sie meint es gut.»
«Sicher.»
«Hatte sie dieses Haus schon immer?»
Brian schüttelte den Kopf. «Ich glaube, sie hatte früher einen Buchladen in North Beach.»
«Ist sie denn von hier?»
«*Niemand* ist von hier.» Er goß noch etwas Almadén Pinot Noir in ihr Glas. «Du bist aus Cleveland, nicht?»
«Ja. Woher weißt du das?»
«Mona hat es mir erzählt.» Die grünen Augen bohrten sich in sie.
Mary Ann schaute in ihr Glas. «Hier gibt es wohl *überhaupt* keine Geheimnisse.»
«Darauf würde ich mich nicht verlassen.»
«Warum nicht?»
«In dieser Stadt haben *alle* Geheimnisse.

Man muß nur ein bißchen tiefer graben, um sie zu finden.»

Er tut geheimnisvoll, dachte sie, weil er meint, daß das sexy ist. Sie kam zu dem Schluß, daß es Zeit war zu gehen.

«Tja», sagte sie und stand auf. «Ich muß morgen arbeiten. Danke für den Wein ... und für die Besichtigung.»

«Ich stehe jederzeit gern zu Diensten.»

Davon war sie überzeugt.

## *Die Matriarchin*

Als Edgar um Viertel nach elf nach Hause kam, war unübersehbar, daß Frannie getrunken hatte.

«Na, wie war's im Club, Liebling? Hast du mal wieder auf braves Mitglied gemacht?»

Sie thronte auf dem Sofa im Wintergarten. Die Beine hatte sie unter ihr thailändisches Seidengewand gezogen. Ihre Perücke war verrutscht. Sie roch nach Rum und Trader Vic's Mai Tai Mix.

«Hallo, Frannie.»

«Das war ja 'ne arg lange Ausschußsitzung.»

«Wir haben die Pläne für das Grove Play besprochen.» Er versuchte, ungezwungen zu klingen, doch Frannie war schon zu sehr hinüber, um seine Bemühung noch würdigen zu können.
«'ne Menge Arbeit, was?»
«Wir haben nachher noch was getrunken. Du weißt ja, wie das so geht.»
Frannie nickte und unterdrückte einen Hickser. Sie wußte zweifelsohne, wie das so ging.
Edgar wechselte das Thema. «Und du? Hattest du einen schönen Tag?» Er redete mit ihr wie ein bemühter Vater mit einem kleinen Kind. Was war bloß aus dem zauberhaften jungen Mädchen geworden, das mal wie Veronica Lake ausgesehen hatte?
«Ich war mit Helen und Gladys zu Mittag in diesem *entzückenden* Restaurant an der Polk Street... im Pavilion. Danach habe ich eine Keramikente gekauft. *Ganz was Feines*. Vielleicht ist es auch eine Gans. Eigentlich ist sie wohl als Suppenterrine gedacht, aber ich habe mir überlegt, daß sie in deinem Arbeitszimmer mit ein bißchen Efeu drin ganz hinreißend aussehen würde.»
«Sehr schön.»

«Auuußerdem… war ich am Nachmittag beim Treffen meiner Opera Guild, und dort habe ich eine ganz wunderbare Neuigkeit erfahren. Was glaubst du, was es ist?»

«Ich habe keine Ahnung.» O Gott, wie er dieses Spiel haßte!

«Mach doch. Nur ein klitzekurzes Ratespielchen.»

«Frannie, ich bin seit heute früh auf den Beinen…»

«Llliebst du mich denn kein bißchen?»

«Himmelherrgott noch mal!»

«Ach so, schon *kapiert*! Wenn du bloß den Miesepeter spielen willst… Rate mal, wer in der Stadt ist!»

«Wer?»

Frannie hielt die Spannung so lange wie möglich aufrecht, drapierte erst mal ihren Körper auf dem Sofa um und rückte ihre Perücke zurecht. Sie braucht Zuwendung, dachte Edgar. Von dir hat sie schon lange keine mehr bekommen.

«Die Huxtables», sagte Frannie endlich.

«Die wer?»

«Also wirklich, Edgar. Nigel Huxtable. Der Dirigent. Seine Frau ist Nora Cunningham.»

«Ich erinnere mich dunkel.»
«Du hast die ganze *Aïda* mit den beiden verschlafen.»
«Ja. Ein wunderbarer Abend.»
«Sie sind wegen einer Benefizveranstaltung für Kurt Adler hier. Es weiß praktisch *niemand*, daß die beiden im Mark wohnen … Und wir werden ihnen zu Ehren eine Party geben!»
«Ach ja?»
«Freust du dich denn gar nicht?»
«Wir hatten gerade letzten Monat eine Party, Frannie.»
«Aber das ist ein richtiger *Coup*, Edgar! Die Farnsworths werden *platzen* vor Neid. Viola hat sich jetzt zwei Monate lang diebisch gefreut, weil sie meint, daß sie mit diesem lächerlichen kleinen Barbecue, das sie für Baryschnikow gegeben hat, allen anderen eins ausgewischt hat.»
«An die Party kann ich mich gar nicht mehr erinnern.»
«Und ob du dich erinnern kannst. Sie hat diese schäbigen russischen Kellner aus einem Lokal an der Clement Street angeheuert, die dann russisches Dressing und russischen Tee serviert haben, und bei Baryschnikows

Ankunft hat der Organist das Lara-Thema aus *Doktor Schiwago* gespielt. Es war so schauerlich, daß ich gar keine Worte dafür finde!»

«Das waren doch gerade eine ganze Menge.»

«Edgar... neben den Huxtables verkommt Baryschnikow zu einer Witzfigur wie... Barney Google. Und ich *weiß*, daß ich sie kriegen kann, Liebling.»

«Frannie, ich glaube aber nicht, daß ich...»

«Bitte... Ich habe mich auch nicht beklagt, als du mir verboten hast, Truman Capote oder Giancarlo Giannini einzuladen.»

Edgar drehte sich zur Seite. Er konnte es nicht mitansehen, wenn Frannie das gleiche bemitleidenswerte Clownsgesicht zog wie Emmett Kelly. «In Ordnung, dann versuch's halt. Und laß es nicht zu teuer werden, ja?»

Emma machte ihm ein Stück übriggebliebene Quiche warm. Er aß in seinem Arbeitszimmer und blätterte dabei das neue Buch durch, das er bestellt hatte: *Death as a Fact of Life*.

«Was liest du denn da, Liebling?» Frannie lehnte am Türrahmen.

Er schlug das Buch zu. «Konsumentenforschung. Langweiliges Zeug.»
«Kommst du ins Bett?»
«Ja gleich, Frannie.»
Als er ins Schlafzimmer kam, lag sie wie tot im Bett und schnarchte.

## *Begegnung im Park*

Edgar meldete sich über die Gegensprechanlage bei Mary Ann. «Ich brauche so schnell wie möglich das Drehbuch für Adorable. Ich glaube, ein Exemplar ist bei Beauchamp.»
«Der ist außer Haus, Mr. Halcyon.»
«Dann fragen Sie mal bei Mona nach.»
«Ich glaube nicht, daß sie...»
«Fragen Sie bei ihr nach, verdammt noch mal! Irgendwer muß doch eines haben!»
Sobald Mary Ann sich auf den Weg gemacht hatte, wählte Edgar die Nummer von Jack Kincaid.
«Praxis Dr. Kincaid.»
«Ist er da?»
«Darf ich ihm sagen, wer am Apparat ist?»
«Nein, dürfen Sie nicht!»

«Einen Moment bitte, Mr. Halcyon.»
Kincaids Ton war entschieden zu fröhlich. «Hallo, Edgar. Wie läuft's mit den Strumpfhosen?»
«Wann kann ich kommen?»
«Weswegen?»
«Wegen der Tests. Ich will neue machen lassen.»
«Edgar, das würde an der Diagnose aber nicht das geringste...»
«Ich bezahle doch dafür, verdammt noch mal!»
«Edgar...»
«Bei Addison Branch hast du dich auch getäuscht. Das hast du mir selbst erzählt.»
«Das war doch ganz was anderes. Bei ihm waren die Symptome nicht so ausgeprägt.»
«Symptome können sich ändern. Es ist schon drei Monate her.»
«Edgar... hör mir jetzt mal zu... ich sage dir das als Freund: Hör auf, dagegen anzukämpfen! Du rennst bloß mit dem Kopf gegen die Wand. Damit bist du weder fair zu dir noch zu den Menschen, die dich lieben.»
«Kannst du mir mal sagen, was Fairneß damit zu tun haben soll?»

«Stell dich den Tatsachen, Edgar. Du kommst sowieso nicht darum herum. Sprich mit deiner Familie darüber. Kauf dir eine Jacht und mach mit Frannie eine Weltumsegelung. Mein Gott… miet dir ein Schloß in Spanien oder brenn mit einer Nutte durch oder mach am Jackson Square weiter allen die Hölle heiß… aber stell dich den Tatsachen! Mach um Gottes willen… nein, um *deinet*willen… aus dem nächsten halben Jahr das Beste, was du kannst.»

Als Mary Ann zurückkam, stand er wartend neben ihrem Schreibtisch. «Ich gehe weg. Wenn jemand nach mir verlangt… ich bin mit einem Kunden beim Essen.»
«Bei Doro's?»
«Es spielt keine Rolle, wo ich bin. Sagen Sie bloß, ich sei nicht im Hause.»
Mit langen Schritten eilte er auf die Straße. Es empörte ihn, daß ein Vertrag erfüllt wurde, den er nie unterzeichnet hatte.
Es Frannie sagen? O Gott! Welchen Gewinn würde sie daraus ziehen können, wenn so *etwas* erst mal in den Klatschspalten stand?
«Frances Halcyon, die vorbildhafte Dame der Gesellschaft aus Hillsborough, errang

am Freitag abend mit einem intimen kleinen Abendessen für die Opernkünstler Nora Cunningham und Nigel Huxtable einen neuerlichen Triumph. Frannie, die in New York gerade A *Chorus Line* gesehen hatte («Ganz wunderbar!»), erfreute die verwöhnten Gaumen ihrer erlesenen Gäste mit Rindsrouladen und Herzoginkartoffeln. Gatte Edgar (er ist der Werberiese) überraschte die anwesenden Gäste mit der Ankündigung seines kurz bevorstehenden Todes...»

Edgar verließ den Jackson Square und schlenderte über die Columbus hinauf in das heftig pochende Herz von North Beach. Carol Dodas blinkende Brustwarzen zwinkerten ihm unbarmherzig zu. Sie waren die aufdringlichen Zeugen einer Revolution, zu deren Aufständischen er nie gehört hatte.
Vor dem Garden of Eden brüllte ein schielender Penner: «Das Ende ist da. Schließt Frieden mit dem Herrn. Söhnt euch aus mit Jesus!»
Edgar brauchte einen Ort, an dem er wieder einen klaren Kopf bekommen konnte.
Und die Zeit dafür. Kostbare Zeit.

Er setzte sich auf eine Bank am Washington Square. Gleich neben ihm saß eine Frau ungefähr in seinem Alter. Sie trug eine legere Wollhose und einen Kittel mit Paisleymuster und las im Bhagavad Gita.

Sie lächelte.

«Ist das die Antwort?» fragte Edgar und deutete auf das Buch.

«Was ist die Frage?» antwortete die Frau.

Edgar grinste. «Gertrude Stein.»

«Ich glaube nicht, daß sie das gesagt hat. Sie etwa? Kein Mensch ist so schlagfertig, wenn er im Sterben liegt.»

Da war es schon wieder.

Eine gewisse Verwegenheit überkam ihn. «Was würden *Sie* sagen?»

«Wann?»

«Am Ende. Was wären Ihre letzten Worte? Wenn Sie sich welche aussuchen könnten.»

Die Frau musterte ihn. Dann sagte sie: «Wie wär's mit… ‹Ach du Scheiße!›?»

Sein Lachen hatte etwas Animalisches. Und es war so befreiend, daß ihm die Tränen herunterliefen. Die Frau betrachtete ihn gütig, mit einer gewissen Distanz zwar, aber doch irgendwie liebenswürdig.

Fast kam es Edgar so vor, als wüßte sie alles.
«Möchten Sie ein Sandwich?» fragte sie, als er zu lachen aufhörte. «Eines mit *focaccia*-Brot.»
Edgar saugte ihre Güte in sich auf und sagte ja. Es war schön, daß es jemand gab, der sich einmal um *ihn* kümmerte. «Ich heiße Edgar Halcyon», sagte er.
«Wie nett», sagte sie. «Ich heiße Anna Madrigal.»

## *Kleine Häppchen, große Wirkung*

Mary Ann saß an ihrem Schreibtisch und zog sich gerade die Lippen nach, als Beauchamp auf leisen Sohlen heranschlich.
«Ist das Krawattenmonster schon Mittag essen?»
«Oh... Beauchamp...» Sie ließ den Lippenstift in der geflochtenen Handtasche verschwinden, die sie mit Fröschen und Pilzen aus einem Ausschneidebogen verziert hatte. «Er wollte... Er ist schon mehr als eine Stunde weg. Ich glaube, er hat sich über irgendwas aufgeregt.»

«Über die Nachrichten.»
«Nein, es muß was anderes gewesen sein.»
«Vielleicht hat man ihn gebeten, beim Grove Play eine Waldnymphe zu spielen.»
«Was?»
«Ach, nichts. Wir sind zum Essen verabredet, erinnern Sie sich?»
«Oh... Ja, das stimmt.»
Sie hatte den ganzen Vormittag an nichts anderes gedacht.

Im MacArthur Park bestellten sie beidc Salat. Mary Ann knabberte an dem ihren halbherzig herum. Sie war leicht irritiert durch die vielen Käfige voller Vögel und die großstädtisch-alternative Blasiertheit, die im Restaurant herrschte. Beauchamp spürte ihr Unbehagen.
«Sie fürchten sich ein bißchen, was?»
«Ich... Wie meinen Sie das?»
«Na ja. Wegen dem hier. Wegen uns.»
«Warum sagen Sie das?»
«Mmm-mm. Sie müssen zuerst antworten.»
Um Zeit zu schinden, stocherte sie nach einem Avocadostückchen. «Wahrscheinlich, weil es... etwas Neues ist.»

«Mit einem verheirateten Mann essen zu gehen?»
Sie nickte und wich dem Blick seiner intensiven blauen Augen aus.
«Könnte ich etwas Eiswasser haben, Beauchamp?»
Ohne seinen Blick von ihr zu nehmen, winkte er einen Kellner heran. «Sie haben wirklich keinen Grund, nervös zu sein. Sie sind es doch, die frei ist. Das hat allerhand für sich.»
«Was heißt frei?»
«Alleinstehend.»
«Ach so ... ja.»
«Alleinstehende brauchen auf nichts Rücksicht zu nehmen.»
Der Kellner kam. «Die Dame möchte etwas Eiswasser haben», sagte Beauchamp. Er lächelte Mary Ann an. «Es macht Ihnen doch nichts aus, wenn ich Sie als Dame bezeichne, oder?»
Sie schüttelte den Kopf. Der Kellner grinste affektiert und verschwand.
«Wissen Sie was?» sagte Mary Ann.
«Was?» Sein Blick durchbohrte sie fast.
«Ich habe Ihren Namen immer ‹Bo-shom› ausgesprochen statt ‹Bietschem›.»

«Das machen alle.»
«Und ich bin mir so dämlich vorgekommen, als Mildred mich korrigiert hat. Man spricht es englisch aus, nicht?»
Er nickte. «Meine Eltern waren schamlos affektiert.»
«Mir gefällt der Name so. Sie hätten es mir sagen sollen, als ich ihn falsch ausgesprochen habe.»
Er zuckte mit den Schultern. «Das ist doch egal.»
«Am Anfang habe ich sogar Greenwich Street falsch ausgesprochen.»
«Ich habe zur Kearny auch ‹Kierny› gesagt.»
«Echt?»
«Und zu Ghirardelli ‹Dschierardelli›, und… der Gipfelpunkt aller Blasphemie!… die Cable Cars habe ich Straßenbahn genannt!»
Mary Ann kicherte. «*Das* tu ich noch immer.»
«Was ist schon dabei! Die sollen sich doch alle ins Knie ficken, wenn Sie keinen Spaß verstehen!»
In der Hoffnung, damit ihre Verlegenheit kaschieren zu können, lachte sie.

«Wir sind alle wie kleine Kinder, die man im Wald ausgesetzt hat», sagte Beauchamp. «Zumindest immer wieder mal. Machen Sie einfach das Beste daraus. Unschuld ist etwas sehr Erotisches.» Er pickte einen Croûton aus seinem Salat und warf ihn sich in den Mund. «Für mich jedenfalls.»
Der Kellner kam mit Mary Anns Wasser. Sie dankte ihm, nippte daran und überlegte, welche neue Wendung sie der Unterhaltung geben könnte. Beauchamp kam ihr zuvor.
«Haben Sie eigentlich meine Frau schon kennengelernt?»
«Äh... Doch, ja. Bei dem Softballmatch.»
«Ach ja. Und was hatten sie für einen Eindruck von ihr?»
«Sie ist sehr nett.»
Er lächelte matt. «Ja... sehr nett.»
«Ich seh ziemlich oft was in der Zeitung über sie.»
«Ja. Dem entgeht man leider kaum.»
Ihr wurde unbehaglich. «Beauchamp... Ich glaube, Mr. Halcyon wird gleich zurück...»
«Wollen Sie eine Sensationsmeldung hören, die Sie in den Klatschspalten garantiert nicht finden werden?»

«Ich möchte nicht über Ihre Frau sprechen.»
«Das kann ich Ihnen nicht verdenken.»
Sie tupfte sich mit einer Serviette den Mund ab. «Das Mittagessen mit Ihnen war wirklich...»
«Wir haben seit dem Fol de Rol nicht mehr miteinander geschlafen.»
Sie entschied sich, nicht zu fragen, was der oder das Fol de Rol war. «Ich denke, wir sollten gehen, Beauchamp.»
«DeDe und ich sind nicht einmal *Freunde*, Mary Ann. Mit ihr unterhalte ich mich nie so wie mit Ihnen. Wir gehen nicht aufeinander *ein*...»
«Beauchamp...»
«Verdammt noch mal, ich versuche, Ihnen etwas zu sagen! Können Sie nicht mal für zehn Sekunden aufhören mit Ihrem... moralischen Getue?» Er senkte den Kopf und rieb sich mit den Fingerspitzen die Stirn. «Entschuldigen Sie... O Gott!... Bitte helfen Sie mir, ja?» Sie griff über den Tisch und drückte seine Hand. Er weinte.
«Was kann ich denn tun, Beauchamp?»
«Ich weiß nicht. Lassen Sie mich nicht allein... bitte. Reden Sie mit mir.»

«Beauchamp, hier ist nicht der richtige Ort für...»
«Ich weiß. Wir brauchen mehr Zeit.»
«Wir könnten uns nach der Arbeit auf einen Drink treffen.»
«Wie wäre es mit dem Wochenende?»
«Ich glaube nicht, daß das...»
«Ich kenne was Nettes in Mendocino.»

## *Ein Stück von Annas Vergangenheit*

Die Sonne im Park schien auf einmal wärmer, und die Vögel sangen viel freudiger. Jedenfalls kam es Edgar so vor.
«Madrigal. Das ist ein hübscher Name. Gibt es nicht in Philadelphia irgendwelche Madrigals?»
Anna zuckte mit den Schultern. «Also, ich stamme aus Winnemucca.»
«Oh... In Nevada kenne ich mich nicht besonders aus.»
«Aber Sie waren doch sicher schon einmal in Winnemucca. Wahrscheinlich mit achtzehn.»
Edgar lachte. «Mit zwanzig. Wir sind eine Familie von Spätentwicklern.»

«In welchem waren Sie denn?»
«Mein Gott! Sie sprechen von der Steinzeit. Ich könnte mich beim besten Willen nicht mehr daran erinnern!»
«Es war Ihr erstes Mal, nicht?»
«Ja.»
«Na, dann können Sie sich auch daran erinnern. Jeder erinnert sich an das erste Mal.» Sie zwinkerte aufmunternd wie eine Lehrerin, die einem Schüler das Große Einmaleins aus der Nase zu ziehen versuchte. «Wann war das? So um 1935 rum?»
«Ich glaube… es war 1937. In meinem ersten Jahr in Stanford.»
«Wie sind Sie hingekommen?»
«Mein Gott… mit einem klapperigen Oldsmobile. Wir sind die ganze Nacht gefahren, bis wir mitten in der Wüste auf dieses enttäuschende Haus aus Schlackensteinen gestoßen sind!» Er kicherte in sich hinein. «Wahrscheinlich hatten wir uns einen Märchenpalast aus Tausendundeiner Nacht vorgestellt. Oder wenigstens etwas mit Gaslaternen und viel rotem Samt.»
«Die Leute aus San Francisco sind elend verwöhnt!»
Er lachte. «Na ja, ich fand, daß wir mehr ver-

dient hatten. Es war fast grotesk, wie brav das alles eingerichtet war. Sie hatten im Gesellschaftszimmer sogar ein Foto von Franklin und Eleanor hängen.»

«Man muß doch den Schein wahren, oder? Erinnern Sie sich denn jetzt an den Namen?»

Edgars Augenbrauen zuckten nach oben. «Mein Gott, ja... die Blue Moon Lodge! Ich habe schon jahrelang nicht mehr daran gedacht!»

«Und der Name des Mädchens?»

«Für ein Mädchen ging sie kaum noch durch. Mehr für fünfundvierzig.»

«Damit ist sie immer noch ein Mädchen. Glauben Sie mir.»

«War nicht so gemeint.»

«Und wie hieß sie?»

«O Gott... Nein, daran kann ich mich unmöglich erinnern.»

«Margaret?»

«Ja! Wie konnten Sie...?»

«Sie hat mir alle Bücher mit *Puh dem Bären* vorgelesen.»

«Was?»

«Sind Sie sicher, daß Sie die Geschichte hören möchten?»

«Wissen Sie, wenn ich Ihnen...»
«Meine Mutter war die Besitzerin der Blue Moon Lodge. Das war mein Zuhause. Ich bin dort aufgewachsen.»
«Sie haben sich das doch nicht etwa ausgedacht, oder?»
«Nein.»
«Mein Gott!»
«Wagen Sie es *ja* nicht, sich zu entschuldigen. Wenn Sie es doch tun, nehme ich Ihnen das Sandwich wieder weg und laufe schnurstracks nach Hause. Ehrenwort!»
«Warum haben Sie mich einfach so dahinreden lassen?»
«Weil Sie sich daran erinnern sollten, was für ein Mensch Sie damals waren. Denn mit dem, der Sie jetzt sind, scheinen Sie nicht allzu glücklich zu sein.»
Edgar sah sie direkt an. «Nein, nicht?»
«Nein.»
Er biß in sein Sandwich. Seine Gegenwart bereitete ihm viel größeres Unbehagen als die fragwürdige Vergangenheit dieser Frau. Er wechselte das Thema. «Haben Sie denn jemals... ich meine...?»
Sie lächelte. «Was schätzen Sie?»
«Das ist nicht fair.»

«Okay. Ich bin mit sechzehn von zu Hause weggelaufen. Das war ein paar Jahre, bevor Sie im Blue Moon Kunde wurden. Und für meine Mutter gearbeitet habe ich nie.»

«Ich verstehe.»

«Ich führe inzwischen mein eigenes Haus.»

«Hier?»

«In der Barbary Lane 28, San Francisco, 94109.»

«Auf dem Russian Hill?»

Sie gab das kleine Spiel auf. «Ich bin eine ganz normale Wohnungsvermieterin, Mr. Halcyon.»

«Aha.»

«Sind Sie enttäuscht?»

«Kein bißchen.»

«Gut. Also bis morgen… da sind *Sie* dann mit dem Essenkaufen dran.»

## *Monas neuer Mitbewohner*

Das ganz und gar nicht kosmische Schrillen des Telefons setzte Monas Mantra ein abruptes Ende.

«Ja?»
«Hallo, ich bin's. Michael.»
«Mouse! Mein Gott! Ich hab schon gedacht, die CIA hätte dich gekidnappt!»
«Ja, es ist lange her, was?»
«Drei Monate.»
«Ja. Das ist ungefähr mein Durchschnitt.»
«Oh... Hat er dich an die Luft gesetzt?»
«Na ja, wir haben uns auf halbwegs gesittete Art getrennt. Er war die Höflichkeit in Person, und ich habe den ganzen Vormittag im Lafayette Park gesessen und geheult. Ja... er hat mich an die Luft gesetzt.»
«Das tut mir aber leid, Mouse. Ich hab gedacht, daß es diesmal richtig gut läuft. Irgendwie hab ich ihn ganz nett gefunden, diesen... Hat er nicht Robert geheißen?»
«Ja. Ich hab ihn auch irgendwie ganz nett gefunden.» Er lachte. «Hab ich dir je erzählt, was er macht? Er wirbt Leute an für die Marines. Einmal hat er mir einen kleinen Schlüsselring geschenkt. Mit einem Medaillon dran. Und auf dem steht: ‹Nur die tüchtigsten Männer passen zu den Marines.›»
«Niedlich.»
«Wir sind jeden Morgen durch den Golden

Gate Park gejoggt... bis hinunter zum Meer. Robert hat meistens so ein rotes Kapuzen-T-Shirt von den Marines angehabt. Deswegen haben uns die alten Knacker immer angehalten und uns erklärt, wie schön sie es doch finden, daß es auf dieser Welt noch ein paar anständige und aufrechte junge Männer gibt. Mensch, was haben wir darüber gelacht... meistens hinterher im Bett.»

«Und warum läuft's nicht mehr?»

«Keine Ahnung. Wahrscheinlich hat er die Panik gekriegt. Wir haben schon *gemeinsam* Möbel gekauft und so. Das heißt... eigentlich nicht *richtig* gemeinsam. Er hat ein Sofa gekauft und ich zwei passende Sessel. Man sollte ja bei allem auch gleich an die Scheidung denken... Aber trotzdem war es so was wie ein Meilenstein. Bis zur Möbelkaufphase hab ich es vorher noch mit keinem geschafft.»

«Na, das ist doch *auch* schon was.»

«Eben... Und ich hatte noch nie einen, der mir im Bett deutsche Gedichte vorgelesen hat. Auf deutsch.»

«Das ist ja scharf!»

«Und er hat eine Mundharmonika, Mona. Manchmal hat er gespielt, wenn wir in der

Stadt rumgelaufen sind. Ach, was war ich stolz, daß ich ihn hatte!»
«Und das Reden?»
«Was?»
«Konnte er reden? Oder war er zu sehr mit seiner Mundharmonika beschäftigt?»
«Er war ein netter Kerl, Mona.»
«Deswegen hat er dich ja auch rausgeschmissen.»
«Er hat mich nicht rausgeschmissen.»
«Das hast du doch eben gesagt.»
«Es hat halt einfach nicht... sollen sein, das ist alles.»
«Red keinen Scheiß. Du bist ein hoffnungsloser Romantiker.»
«Danke für deine tröstlichen Worte.»
«Ich weiß nur, daß ich dich drei Monate nicht zu Gesicht bekommen habe. Außer deinem Traumprinzen gibt's auch noch andere Leute auf der Welt... Und wir lieben dich auch.»
«Ich weiß. Es tut mir leid, Mona.»
«Mouse...?»
«Wirklich. Ich wollte dich nicht...»
«Michael Mouse, wenn du mir jetzt einen vorheulst, gehe ich nie wieder mit dir tanzen!»

«Ich heule nicht. Ich bin bloß nachdenklich.»

«Du hast zehn Sekunden, um mit dem Blödsinn aufzuhören. Mein Gott, Mouse, die Wälder sind voll von joggenden Marine-Anwerbern. Ogottogott! Das kommt davon, weil du auf diesen Typ Unschuld vom Lande so abfährst! Ich wette, dieses Arschloch hat zu Hause einen ganzen Schrank voll Holzfällerhemden. Oder etwa nicht?»

«Es reicht.»

«Jetzt stapft er in seiner blauen Bomberjacke sicher grade unten im Toad Hall rum. Den einen Daumen hat er in seine Levi's gehakt, und in der anderen Hand hat er eine Flasche Acme-Bier.»

«Du bist vielleicht ein Biest.»

«Das ist doch genau dein Typ. Aber, sag mal... wenn ich ein paar deutsche Gedichte lerne, würdest du dann bei mir wohnen, bis du was gefunden hast? Platz gibt's genug in dem Schuppen hier. Und Mrs. Madrigal hätte sicher nichts dagegen.»

«Ich weiß nicht recht.»

«Aber du stehst doch auf der Straße, oder? Hast du überhaupt noch Geld?»

«Ein paar Tausender auf dem Sparkonto.»

«Also, die poetische Tour à la Edna St. Vincent Millay hab ich jetzt satt. Es paßt doch alles. Du kannst hier unterschlüpfen, bis du eine neue Wohnung gefunden hast… oder einen neuen Mundharmonikaspieler. Je nachdem, was zuerst kommt.»
«Das funktioniert *nie.*»
«Warum denn nicht?»
«Du schwörst auf Transzendentale Meditation, und ich auf Außersinnliche Transzendenz. Das funktioniert *nie.*»

Noch am selben Abend brachte er all sein irdisches Hab und Gut in Monas Wohnung:
Die literarischen Werke von Mary Renault und der kürzlich verstorbenen Adelle Davis. Ein Sortiment von Arbeitsstiefeln, Overalls und Hosen aus Kaplan's Army Surplus an der Market Street. Eine Jugendstillampe in Form einer Nymphe, die auf einem Bein balancierte. Ein Sammelsurium an Meeresmuscheln. Ein T-Shirt mit dem Aufdruck: TANZEN 1, AUSSEHEN 4. Eine Gefäßklemme zum Halten der Joints. Ein Heimfahrrad. Ein Foto von Patti LaBelle mit Widmung.
«Die Möbel sind noch bei Robert», erklärte er.

«Vergiß den Pisser», sagte Mona. «Du hast jetzt eine neue Mitbewohnerin.»
Michael drückte sie an sich. «Du hast mir wieder mal das Leben gerettet.»
«Nicht der Rede wert, Babycakes. Unterhalten wir uns lieber über die Grundregeln, okay?»
«Also, ich drücke die Zahnpastatube von unten aus.»
«Du weißt, worum's mir geht, Mouse.»
«Ja. Na... wir haben doch jeder ein eigenes Zimmer.»
«Genau. Und das Wohnzimmer ist Sperrgebiet für alle Schnullis.»
«Natürlich.»
«Und wenn ich mal einen Doppelstecker mit nach Hause bringe, dann läßt du gefälligst deine Finger von ihm, verstanden?»
«Seh ich etwa so aus, als ob ich so was Garstiges tun könnte?»
«Und was ist mit dem baskischen Gärtner vom letzten Sommer?»
«Ach ja.» Michael lächelte. «Der war doch ganz in Ordnung, oder?»
Mona streckte ihm die Zunge raus.

ARMISTEAD MAUPIN

*Stadtgeschichten*
Band 1
rororo 13441

*Mehr Stadtgeschichten*
Stadtgeschichten Band 2
rororo 13442

*Noch mehr Stadtgeschichten*
Stadtgeschichten Band 3
rororo 13443

*Tollivers Reisen*
Stadtgeschichten Band 4
rororo 13444

*Am Busen der Natur*
Stadtgeschichten Band 5
rororo 13445

*Schluß mit lustig*
Stadtgeschichten Band 6
rororo 13446

*Die Kleine*
Roman
rororo 13567

## 50 JAHRE ROWOHLT ROTATIONS ROMANE

50 Taschenbücher im Jubiläumsformat
Einmalige Ausgabe

Paul Auster, *Szenen aus «Smoke»*
Simone de Beauvoir, *Aus Gesprächen mit Jean-Paul Sartre*
Wolfgang Borchert, *Liebe blaue graue Nacht*
Richard Brautigan, *Wir lernen uns kennen*
Harold Brodkey, *Der verschwenderische Träumer*
Albert Camus, *Licht und Schatten*
Truman Capote, *Landkarten in Prosa*
John Cheever, *O Jugend, o Schönheit*
Michael Crichton, *Die Lehren des Kaktus*
Roald Dahl, *Der Weltmeister*
Karlheinz Deschner, *Bissige Aphorismen*
Colin Dexter, *Phantasie und Wirklichkeit*
Joan Didion, *Wo die Küsse niemals enden*
Hans Fallada, *Reisevorbereitungen*
Hannah Green, *Kinder der Freude*
Václav Havel, *Von welcher Zukunft ich träume*
Stephen Hawking, *Ist alles vorherbestimmt?*
Elke Heidenreich, *Dein Max*
Ernest Hemingway, *Indianerlager*
James Herriot, *Sieben Katzengeschichten*
Rolf Hochhuth, *Resignation oder Die Geschichte einer Ehe*
Klugmann/Mathews, *Kleinkrieg*
D. H. Lawrence, *Die blauen Mokassins*
Klaus Mann, *Der Vater lacht*
Armistead Maupin, *So fing alles an ...*
Henry Miller, *Der Engel ist mein Wasserzeichen*

## 50 JAHRE ROWOHLT ROTATIONS ROMANE

Nancy Mitford, *Böse Gedanken einer englischen Lady*
Toni Morrison, *Vom Schatten schwärmen*
Milena Moser, *Mörderische Erzählungen*
Herta Müller, *Drückender Tango*
Robert Musil, *Die Amsel*
Vladimir Nabokov, *Eine russische Schönheit*
Dorothy Parker, *Dämmerung vor dem Feuerwerk*
Rosamunde Pilcher, *Liebe im Spiel*
Gero von Randow, *Der hundertste Affe*
Ruth Rendell, *Wölfchen*
Philip Roth, *Grün hinter den Ohren*
Peter Rühmkorf, *Gedichte*
Oliver Sacks, *Der letzte Hippie*
Jean-Paul Sartre, *Intimität*
Dorothy L. Sayers, *Eine trinkfeste Frage des guten Geschmacks*
Isaac B. Singer, *Die kleinen Schuhmacher*
Maj Sjöwall/Per Wahlöö, *Lang, lang ist's her*
Tilman Spengler, *Chinesische Reisebilder*
James Thurber, *Über das Familienleben der Hunde*
Kurt Tucholsky, *So verschieden ist es im menschlichen Leben*
John Updike, *Dein Liebhaber hat eben angerufen*
Alice Walker, *Blicke vom Tigerrücken*
Janwillem van de Wetering, *Leider war es Mord*
P. G. Wodehouse, *Geschichten von Jeeves und Wooster*

Programmänderungen vorbehalten